주님의 치유 손길

Copyright © The Kathryn Kuhlman Foundation
Originally published in English under the title

"The Lord's Healing Touch & Victory in Jesus"

by The Kathryn Kuhlman Foundation
Pittsburgh PA 15230 U.S.A.
Korean Copyright © 2002 by Grace Publisher
#178-94 Soongin 2dong Jongro-gu Seoul, Korea
All rights reserved

주님의 치유 손길

Kathryn Kuhlman

The Lord's healing touch & Victory in Jesus

은혜출판사
Grace

CONTENTS

서문 · 6

제 1 부 승리는 예수님께 있습니다.

제 1 장 하나님이 들으시는 기도 · 10

제 2 장 때는 바로 지금입니다. · 22

제 3 장 날마다 공급받는 힘 · 29

제 4 장 안식 · 41

제 5 장 시험 · 51

제 6 장 함정 · 59

제 7 장 또 다른 위험들 · 74

제 8 장 하나님은 우리의 공급자 · 86

제 9 장 거룩 · 95

제 10 장 단순한 종교 · 109

제 11 장 감정 · 119

제 12 장 당신의 눈을 예수님께 고정하십시오 · 130

제 13 장 빛을 비추십시오 · 136

제 14 장 비밀 · 145

CONTENTS

제 2 부 주님의 치유 손길

제 15 장 당신의 믿음 · 156
제 16 장 합리적인 가르침 · 163
제 17 장 치유의 기적 · 178
제 18 장 치유의 권능 · 182
제 19 장 주님의 손길을 경험하는 방법 · 191
제 20 장 믿음의 기도 · 196
제 21 장 믿음의 토대 · 200
제 22 장 성경의 처방전 · 206
제 23 장 기름을 바르는 것 · 209
제 24 장 치유의 간증 · 212
제 25 장 결론 · 217

서문

성령님은 예수님께서 교회에 주신 선물이며, 성령님은 변하지 않습니다. 또 하나님의 목적도 그것이 이루어지지 않고 실패하는 경우는 결코 없습니다. 이 땅에서 캐트린 쿨만의 사역은 1976년 그녀의 죽음과 함께 끝이 났습니다. 그러나 그녀의 생애동안 준비되었던 책과 라디오 방송 테이프를 통하여 지금도 여전히 헤아릴 수 없을 정도의 많은 사람들의 삶에 영향을 미치고 있습니다.

그녀는 자신은 아무것도 아니라는 것과, 그녀가 인도하는 집회에서 일어난 어떤 기적도… 육체의 치유에서 그리스도를 구세주로서 보기 시작하는 것에 이르기까지 모든 것은 하나님의 권능이 직접적으로 역사하신 결과인 것을 거듭 거듭 반복하여 인정했습니다.

그녀가 거의 100여 군데 라디오 방송국에서 오랫동안 전파해왔던 마음에서 마음으로 기름 부으심 받은 메시지는 날마다의 생활에서 영적인 양식이 되는 풍부한 원천이 되어 있습니다. 강력하고 삶을 변화시키는 이러한 메시지는 시간이 흘러갔어도 쇠퇴하지 않았습니다.

이 메시지 시리즈는 그녀의 테이프를 신중하게 검토한 후, 엄선되어 발행되었습니다. 거기에 그녀의 초기 출판물인 "주님의 치유 손길"(The Lord's Healing Touch)을 포함하였습니다.

우리가 의도하는 바는 캐트린 쿨만의 기름부으심 받은 말씀의 충격을 독자 여러분께 제공해 주는 것입니다. 이 메시지들이 축복이 됨과 동시에 성령의 영감의 원천이 되어 새롭고, 보다 높은 수준의 승리로운 크리스쳔 생활을 할 수 있도록 여러분을 격려하는 하나의 도전이 되길 기도합니다.

마가릿 하트너(Marguerite Hartner)
캐트린 쿨만 재단

 제 1 부

승리는 예수님께 있습니다

제1장
하나님이 들으시는 기도

어떻게 하면 승리로운 삶을 살 수 있을까에 관한 이 시리즈를 시작하기 전에 기도에 관해 좀 짚고 넘어가야겠다고 생각합니다.

그러나 먼저 캘리포니아 주 노스리지에서 날아온 편지 한 장을 여러분께 소개해 드리고자 합니다.

"나는 어젯밤에 처음으로 우연히 당신의 텔레비젼 프로그램을 보고 당신이 말하는 한 마디 한 마디에 완전히 마음을 빼앗겨 버렸습니다. 오늘은 하루종일 당신이 진행하던 텔레비젼 프로그램과 당신이 전한 말씀을 곰곰히 생각해 보았습니다. 수 년전 나의 친구 하나가 「나는 기적을 믿습니다」라는 당신의 책을 구입한 적이 있기 때문에 당신에 대해서는 이미 듣고 있었지만 그 이후 당신의 이름은 줄곧 잊어버리고 있었습니다.

그러나 어제밤 당신과 당신의 초대 손님들을 보고 나는 놀라운 경험을 할 수 있었습니다. 뒤틀어진 다리(club foot) 때문에 고통당하는 아들을 데리고 온 부인에게서 깊은 감동을 받았습니다.

사실 앞에 말씀드렸듯이 나는 그것에 관해 하루종일 생각했습니다. 내 인생에서 한 가지 사건에서 또 다른 사건으로 여러가지 일들이 일어났습니다. 질병, 경제적인 어려움, 가정의 문제 등등입니다.

그렇습니다. 나는 자주 기도하는 신자입니다. 매우 긴 시간을 기도해 왔습니다. 결코 실현될 것 같지도 않은 일들을 위해 대단히 열심히 기도해 왔습니다. 「하나님께서 내 기도를 듣고 계시는 것일까」하고 생각할 때도 많았습니다. 쿨만 여사님, 제가 당신께 편지를 쓰고 있는 이유는 당신이 말한 하나님께 기도하는 것이 무엇인지를 내 자신에게 납득시키기 위해서입니다.

당신의 프로그램에 출연했던 그 부인은 잘못된 기도를 해왔다는 사실을 깨달았다고 말했습니다.

이것이 바로 내가 이해하지 못하는 부분입니다. 또, 그녀는 자기 아들이 걸을 수 있게 되었던 날, 자신은 하나님께 기도드리고 있었으며 자기 아들이 걸었던 사실을 몰랐다고 말했습니다.

나는 지금 내가 잘못된 기도를 하고 있는 것은 아닐까 하고 생각해봅니다.

쿨만 여사님, 제발 어떻게 기도해야 하는지에 대해 잠시 시간을 내어 제게 말씀해 주시지 않겠습니까?

매우 영감있는 30분의 프로그램으로 인해 진심으로 감사드립니다. 매주 일요일 밤마다 나는 그 프로그램을 기대할 것입니다."

이렇게 편지를 마친 그 여성은 자기 이름과 주소를 쓰고, 그리고 서명을 했습니다. 얼마 전 우리의 라디오 방송 프로에서 어느 부부가 이야기하고 있었습니다. 아내는 진정한 기적, 놀라운 치유를 받았습니다.

아주 잘생긴 신사인 남편은 자기들이 경험한 육체의 치유에 대해 이야기하고 있었습니다. 그리고 그는 내 쪽을 돌아다 보고 내가 결코 잊을 수 없는 말을 했습니다. 그의 눈에 눈물이 흥건이 고여있는 채로 말입니다.

"육체의 어떤 치유보다도 훨씬 더 놀라우며, 그 모든 것들 중에서 가장 놀라운 것은 당신이 내게 기도하는 법을 가르쳐 주신 것입니다."

나는 내가 살아 있는 한, 이 남자의 말을 잊을 수 없을 것입니다. 그리고 그가 "가장 놀라운 것은 당신이 내게 기도하는 법을 가르쳐 주신 것입니다."라고 말할 때 그의 표정을 잊을 수 없을 것입니다. 생각해 보십시오.

기도란 하나님이 당신과 나에게 주신 가장 위대한 능력입니다. 하나님이 인간에게 주신 능력 가운데 기도의 능력만큼 위대한 능력은 없습니다. 그렇지만 실제로 기도해 보고 하나님 아버지, 아들 예수 그리스도, 성령님과의 놀라운 관계를 먼저 깨닫지 않으면 기도하는 방법을 알 수 없습니다. 기도는 '입으로 말하는' 이상의 것입니다.

놀라실지도 모르겠습니다만, 많은 사람들이 다음과 같은 편지를 나에게 보내옵니다.

"당신이 기도하셨던 그 기도의 문장을 부디 저에게 보내주십시오"

기도는 인간 내면의 깊은 곳으로부터 나오는 것입니다. 종이에다 써서 나올 수 있는 것이 아니며 기억해 둘 것이 아닙니다. 누군가 기록한 어떤 것을 말하는 것은 참된 기도가 아닙니다. 매우 단순한 방법으로 내가 누군가와 이야기 하는 동안에 조차도 나는 눈을 감고 기도를 시작할 수도 있으며, 또 종종 그렇게 하기도 하지만, 눈을 뜨고 기도를 시작할 수도 있습니다. 인쇄된 기도문은 당신이 하나님을 의식하거나 기도의 태도를 취하는데 도움이 될 수는 있지만 그것이 진정으로 기도하는 것은 아닙니다. 이것을 될 수 있는 한 간단히 하기 위해서, 기도에는 하나님과의 관계가 포함된다는 사실을 반드시 깨달아야 합니다. 하나님이 우리의 창조자라는 사실은 전 인류 공통의 것입니다.

그러나 하나님이 창조자 이상의 분이시라는 사실을 깨달을 때, 즉 하나님께서 하늘에 계신 아버지(Heavenly Father)가 될 수 있는 순간의 그 놀라운 관계는 누구나 다 가질 수 있는 관계가 아닙니다. 이 관계는 하나님의 아들 예수 그리스도를 개인적인 구세주로서 영접함으로서 시작되는 것입니다.

그러므로 어느 누구나 하나님의 임재 안으로 들어가서 "아버지, 하늘에 계신 나의 아버지"라고 말할 수 있는 것은 아닙니다. 예수 그리스도를 구주로서 영접함으로 우선 거듭남이라는 영적 경험을 하지 않으면, 하나님은 그 사람의 하늘 아버지가 되지 않으시며, 그 관계도 얻을 수 없기 때문입니다.

당신이 예수 그리스도를 영접하고 그분이 당신을 위해 십자가 위에서 이루신 일들을 받아들이고, 믿음으로 당신의 손 벌려서 그리스도를 구주로 받아들임으로 그 영적 경험했다면 당신은 이제 하나님의 자녀임을 확신할 수 있습니다. 이것은 전혀 복잡한 것이 아닙니다. 다만 우러러 보면서 이렇게 말하십시오. "놀라우신 예수님, 나는 당신이 십자가에서 나를 위해 행하여 주신 것을 나 자신을 위한 것으로 받아들입니다."

그리고 하나님의 말씀에는 **"내게 오는 자는 내가 결코 내쫓지 아니하리라(요한복음 6:37)"** 는 약속이 주어져 있으므로 기도에 필요한 하나님과 관계는 이미 이루어진 것입니다. 그 순간부터 당신의 창조자이신 하나님께서 당신의 하늘 아버지로서 놀라운 관계에 들어가실 수 있는 것입니다. 당신이 이 땅에 있는 당신의 육신의 부모에게 가서 아버지나 어머니와 이야기하는 것이 어려운 것은 아닐 것입니다.

나는 나의 아버지와의 관계를 결코 잊을 수 없을 것입니다. 당신이 만일 나를 잘 알고 있다면 나는 어느 누구보다도 더 아버지와의 관계를 가장 소중히 하고 있었음을 알았을 것입니다. 내가 어렸을 때 아버지께 매달리곤 했으며 아버지를 무척 사랑했습니다. 어머니는 저에게 "아버지께 그만 매달려라."라고 자주 말했습니다.

내 키가 컸으므로 다리가 길 바닥에 질질 끌려가게 되어도 아버지는 매달리는 나를 여전히 그대로 두셨습니다. 아버지는 매일 저녁 귀가하면 내가 매달리기 전에 곧장 외투를 장롱 속에 넣었습니다. 아버지는 손을 씻거나 머리를 빗으로 빗을 틈은 전혀 없었습니다. 아버지가 앉아서 쉬고 있으면 나는 아버지 무릎 위에 올라가 아버지 목에 내 팔을 감고 매우 빠른 말로 재잘 거리곤 했습니다. 어머니가 또 말합니다. "캐트린, 아버지는 피곤해요. 조용히 앉아 잠자코 있으렴."

하지만 나는 그렇게 가만히 있을 수가 없었습니다. 할 말이 너무나 많았으며 너무 많은 일들이 오늘 일어났던 것입니다. 나는 그날 있었던 모든 일들을 이야기 해야만 했습니다. 아버지가 알고 싶어 하신다는 것을 나는 알고 있었습니다. 그날 있었던 일 치고 아버지께 말하지 않은 것은 하나도 없었습니다. 나에게 아버지에게 만큼 이야기하기 쉬운 사람은 없었습니다. 그것은 매우 자연스러웠습니다. 무언가가 일어나면 "아버지께 말하지 않으면 안돼." 라고 본능적으로 생각했습니다. 아마도 그것 때문에 하늘 아버지와 저와의 관계도 실제적이고 매우 개인적이었던 이유였을 것입니다. 내가 아버지에게 말씀드리려고 한 내용을 기억하고 있는 것은 하나도 없습니다. 그것은 자연스럽게 나온 것들이었습니다.

그리고 하나님 아버지와의 관계도 그런 것입니다. 당신과 하나님 아버지와의 사이에 그런 관계가 있음을 알아야 합니다. 그분은 전능하실 뿐만 아니라, 당신 생활 가운데 아무리 조그만 일일지라도 그분은 관심을 가지고 계십니다. 그분께서 당신에게 한 개인으로서 관심을 가지고 계신다는 사실을 당신이 진심으로 알게 되었으면 하고 나는 생각합니다.

당신의 필요, 당신의 문제거리, 당신이 마음 아파하는 모든 것이 그분의 관심사이며 배려 하시고 계십니다. 당신의 양볼에 눈물이 타고 내릴 때 그분은 그 흘러내리는 눈물을 바라보시며 당신을 배려해 주시는 분입니다. 당신을 돌보아 주는 이가 아무도 없는 것처럼 생각되는 한밤중, 가족들은 모두 잠들어 있고 당신이 매우 외롭다고 느낄 때, 당신 옆에 잠자고 있는 사람의 숨소리가 들리거나, 옆방에 잠자지 않고 있는 아이들의 부산함이 들려올 때, 기억해 주십시오. 하나님은 그 곳에 계십니다. 당신의 심장 고동이 들리는 것보다 더 당신 가까이에 하나님이 계십니다. 당신의 아들은 수천마일 떨어진 군대에 가 있을지도 모르겠습니다. 당신은 한밤중 그 아들이 보호함 받도록 기도하고 있을지도 모르겠습니다. 하나님은 당신의 기도를 듣고 계실 뿐만 아니라, 당신의 아들에게도 마음을 쓰고 계시며, 그 아들 주변에 불방벽(wall of fire)을 쳐 주실 것입니다. 하나님은 그 아들을 지켜 줄 천사들을 파송하여 주실 것입니다. 하나님은 당신의 마음의 소원을 무시하시지 않습니다. 그분은 당신의 혼의 절규를 듣지 않으심이 없음을 나는 당신께 약속드리겠습니다. 그분은 당신을 사랑합니다. 그분은 당신에게도 당신의 사랑하는 사람들에게도 당신의 필요에도 마음을 쓰고 배려하고 계십니다. 당신이 지금까지 구원받기 위해 여러가지 것들을 해 왔음에도 불구하고, 더구나 죄 중에 빠져 있다해도 당신은 승리와 새 삶을 알 수 있습니다. 당신을 배려해 주시는 하나님이 계시고, 하나님은 당신이 하나님의 독생자 예수 그리스도를 통하여 하나님께로 나아와서 그 고백의 기도를 드리길 기다리고 계십니다. 당신이 진실로 자유케 되고 해방 받으시길 원한다면 하나님은 당신을 자유케 해 주십니다. 우리가 하나님 아버지 보좌 앞으로 나올 때 우리에게는 위대한 중보자이자 대제사장이신 예수 그리스도가 계십니다.

예수님은 하늘로 승천하시기 전에 한 가지 사실을 분명하게 말씀하셨습니다.

즉 예수님은 자신의 이름을 우리에게 남겨 주셨는데 우리가 그 이름을 사용하도록 하기 위해서 입니다(요한복음 16:23~24).

우리는 하나님의 보좌 앞에서 예수님의 이름을 꺼내기만 하면 그분은 우리를 들으시는 것입니다. 하나님의 아들이라는 인격을 통하여 하나님은 우리를 완전하고 의로운 자로서 또 거룩한 자로서 보시고 계심을 우리는 알고 있습니다. 우리가 예수님의 이름으로 나아올 때, 하나님은 우리의 기도도 들어 주시는 것입니다.

누구든지 하나님의 독생자이신 예수님의 인격을 통하여 하나님의 보좌 앞으로 나아와 그분의 임재 안으로 들어 간다면 하나님은 들어주시는 것입니다. 마지막으로 성령님이 계시는데 그분은 삼위일체 하나님의 강력하신 능력이신 분입니다. 성령께서 이 지상에 계시는 것은 아버지 하나님의 명령을 수행하기 위해서이고, 예수님이 인격을 가지고 이 지상에 계신다면 친히 행하실 것을 성령께서 행하시기 위해서 입니다(요한복음 16:13~14). 우리가 예수님의 이름으로 하나님 아버지의 보좌 앞으로 나오는 그 순간 하나님은 우리에게 귀를 기울이시고 성령께서 역사하셔서 우리의 기도에 응답을 가져다 주시는 것입니다. 나는 진심으로 기도드립니다.

성령께서 여러분 모두에게 단순한 기도를 가르쳐 주시고 그리고 예수님의 임재와 능력을 당신의 혼에 현실의 것이 되도록 해 달라고 말입니다.

제 2 장
때는 바로 지금입니다

　승리로운 삶을 사는 것에 대한 이 메시지 시리즈는 여러분에게 대단히 유익한 것이 될 것입니다. 왜냐하면 이것은 모든 그리스도인들에게 있어서 이것보다 더 중요한 것은 없기 때문입니다.

　제가 말씀드리는 것은 확실히 미주리의 옥수수 빵처럼 오래된 좋은 것입니다. 이것은 딱딱한 것이 아니며, 사람들이 좋아하는 것도 아니지만 그러나 당신에게 유익한 것입니다. 당신에게 이 '마음에서 마음으로' 이야기 하고 있는 것은 캐트린 쿨만이라는 사실을 잊어버리십시오. 당신의 마음과 생각을 주 예수 그리스도와 성령님께 열린 상태를 유지하십시오. 그리고 매우 단순한 다음의 사실을 결코 잊지 말아 주십시오. 그것은 지나쳐 간과해 버릴 때가 자주 있습니다. 즉 우리가 그리스도인으로서의 생활할 수 있는 유일한 시간은 지금 뿐이라는 사실입니다. 단지 지금입니다. 제가 여러분께 말씀드리는 다른 어떤 것은 잊어버리더라도 이 단순하지만 매우 중요한 사실을 기억해 주십시오. 우리가 살고 있는 것은 지금입니다. 다양한 기회가 주어지고 있는 것은 바로 지금입니다. 지금이야말로 도전할 수 있는 순간입니다. 오늘 해야 할 것을 내일, 혹은 다음 주까지 어슬렁 어슬렁 미루어버리기 쉽습니다. 우리는 인생이 거의 끝나갈 무렵을 생각할 수 있습니다. 또 우리가 하나님을 만날 준비를 할 때 영원에 대한 준비를 할 때의 것들을 상상할 수도 있습니다. 그러나 여러분, 그 때는 사실 지금입니다.

우리의 하늘 아버지는 풍성한 은혜로 자기 자녀들 한 사람 한 사람에게 깨트려지지 않는 놀라운 승리를 언제나 준비해 놓고 계십니다. 그것은 환경이 아무리 실망스럽고 나쁠지라도 결코 환경에 영향받지 않는 승리입니다.

그렇지만 이 하나님의 은혜의 선물은 그다지 받

아들여져 있지 않습니다. 그것은 그 성질과 가치를 사람들이 잘 알지 못하기 때문이기도 합니다. 또 조건이 붙어있어서 평범한 그리스도인으로서는 하고 싶지 않는 복종이 요구되기 때문이기도 합니다.

   싼 값으로 구입할 수 있는 물건은 보통 싸구려 물건이지요. 가격이 비싼 물건은 보통 보물 같은 것으로 우리가 귀중히 여기는 겁니다. 승리로운 삶의 가장 기묘한 한 가지 사실은 그것이 성경에서 명백히 가르치고 있는데도 성경을 배워도 깨닫지 못하는 경우가 종종 있다는 사실입니다. 이것은 나로서는 매우 이해하기 어려운 것입니다.

   오늘날 매우 많은 설교자들, 신학생들, 영적 지도자들이 주 예수 그리스도와의 놀라운 승리의 삶을 깨닫지 못하고 있는 것은 왜 일까요? 사람은 성경에 대한 완벽한 지식을 가지고 있을지라도 경험으로서는 이 지식을 전혀 알지 못할지도 모릅니다. 인간은 스스로 경험한 것 이상의 것을 누군가 다른 사람에게 주는 것은 불가능하다는 것은 엄연한 사실입니다. 승리로운 인생에 관하여 내가 당신께 말씀드리려고 하는 진리의 영광스러움을 당신이 이해하기만 하면, 당신의 영적 생활 전체를 크게 변화시켜 버릴 하나님 은혜를 받아 소유하게 될 수 있을 것입니다. 이것은 내가 주님으로부터 받은 특권에 참여했던 가장 위대한 진리 가운데 하나입니다. 당신은 이렇게 말할지도 모르겠습니다.

"하지만 당신은 나의 환경을 잘 이해하지 못합니다. 내가 어떤 시험에 직면하고 있는지 당신이 알고 있다면…, 만일 당신이 나의 남편과 함께 생활하지 않으면 안되었더라면…, 만일 당신에게 내 아들이나 딸과 같은 자녀들이 있다면…, 만일 당신이 내 이웃 사람들과 같은 사람들을 참지 않으면 안된다면…, 만일 당신이 내 직장에서 일해야 한다면…, 당신은 언제나 승리하여 행복하게 있을 수 있는 장소가 주 예수 그리스도 안에서라고는 말할 수 없게 될 것입니다"라고 말입니다.

여러분 나는 당신이 생각하고 있는 것보다도 훨씬 더 깊이 이해하고 있습니다. 그렇지만 내가 나의 눈을 고정하고 있는 것은 당신의 불경건한 남편이 아니고, 당신의 집에 있는 어찌해 볼 도리가 없는 십대 소년 소녀가 아니며, 당신의 이웃 사람들이나 당신의 직장 사람들도 아닙니다. 나는 여전히 예수 그리스도께 나의 눈을 고정시키고 있습니다. 우리에게는 예수님의 약속이 있으며 그 약속은 이러한 모든 것에 대해서, 어떤 환경에 대해서도, 어떤 곤란한 상황에 대해서도, 우리는 단지 승리할 뿐만 아니라 압도적으로 넉넉히 승리할 수 있음을 보증하고 있습니다(로마서 8:37).

우리 자신의 노력으로 압도적인 승리를 하는 것이 아닙니다. 그렇습니다.

우리 자신의 노력이 아니라 그분 예수 그리스도를 통하여서입니다. 내게는 그것이야말로 스릴 넘치는 것이며 놀라운 일이기도 합니다.

승리로운 그리스도인의 삶을 날마다 영위하는 방법을 알지 못하는 사람들이 분명히 있다고 생각합니다. 이것을 기억해 주십시오. 우리는 크리스쳔으로서 영적인 생활을 하고 있을 뿐만 아니라, 생활의 육체적인 측면도 있다고 하는 사실입니다.

이 영적 생활이 놀랍다는 것은 어느 누구도 부정할 수 없습니다. 그러나 기억해 주십시오. 당신이 거듭난 후, 그리고 성령으로 충만함을 받는 놀라운 체험을 한 후 당신은 여전히 육의 몸 안에 있으며 낡은 물질적 세계(old material world) 안에 있다는 사실을 결코 잊어서는 안됩니다. 당신의 이웃 사람들은 변화 받지 않았습니다. 당신의 직장 사람들은 변화받지 않았습니다. 당신의 혼의 원수는 변화받지 않았습니다. 당신은 생활을 위해 여전히 일을 하지 않으면 안되고 먹고 잠자지 않으면 안됩니다. 당신에게는 같은 남편이 있고 같은 아내가 있고 같은 자녀들이 있습니다.

당신은 육의 필요가 없어진다면 좋을텐데 하고 원하실지도 모르겠습니다.

하지만 그것은 불가능합니다.

우리는 영적 경험에 도취된 나머지 이웃 사람들과 가족을 포함해서 사람들의 여러가지 것들이 변해버린다면 좋을텐데…, 하고 생각할 때도 있을 것입니다. 그 때, 즉 사람들은 변하지 않았다는 사실을 깨닫게 될 때, 우리는 노력하기 시작합니다. 그렇지만 하나님께서 주시는 지혜로 하는 것은 아닙니다. 그리고 다른 사람들이 왜 자신과 동일한 견해를 취하지 않는지를 이해하지 못한 채, 자신의 경험을 다른 사람들에게 강요하려고 하는 것입니다.

아, 정말 지혜를 구해야 합니다. 하나님의 지혜를 구해야 합니다.

당신이 아침에 일어나 눈을 뜰 때, 그것을 날마다 드리는 기도의 일부가 되게 하십시오.

불행하게도 이 하나님의 은사가 자기에게 없다는 것을 알지 못하는 사람이야말로, 실제로 지혜를 가장 필요로 하는 사람입니다.

나는 반복해서 말씀드립니다. 우리는 영적인 생활을 하고 있을 뿐만 아니라, 육신의 생활을 하고 있습니다. 우리는 여전히 문제와 고뇌와 슬픔이 있는 세상 속에서 살아가고 있습니다. 이 세상을 벗어난 사람은 우리들 중 아무도 없으며 우리는 아직 이 세상에 거하는 자들입니다.

우리가 좋아하든 좋아하지 않든, 우리는 육신의 삶을 영위하지 않으면 안되는 것입니다. 그리고 우리의 시간과 관심은 육신에 관계하는 것이 거의 대부분입니다.

제 3 장
날마다 공급받는 힘

    이러한 승리는 한 번에 얻어지며, 어떤 일이 있어도 거기에서 미끄러져 떨어질 일이 없는 정상에 달하게 되는 것으로, 잘못 믿지 않도록 하십시오.

    한 번만에 얻어졌다면 그 후론 앉아서 쉬고 "나는 이제 그 약을 충분히 먹었습니다. 이 승리라는 이름의 주사를 맞았으므로 나는 어떤 일이 있어도 끄떡없어요."라는 식의 것이 아닙니다. 이것은 그런 것과는 전혀 다른 것입니다. 단순한 믿음이 없어지는 순간, 참으로 그 순간, 죄에 대한 승리는 허물어져 버리는 것입니다.

    여러분도 저도 이 사실을 이해하는 것이 빠르면 빠를수록 좋습니다. 당신이 하나님의 자녀들 중 한 사람이라면, 당신은 무엇보다도 우선하여 이 놀라운 승리를 구해야 합니다. 실망에 대한 승리, 죄에 대한 승리, 당신의 혼의 원수에 대한 승리, 유혹에 대한 승리를 당신은 진심으로 구해야 합니다. 순간 순간 마음과 생각에 평안이 있는 견실한 그리스도인의 생활을 사는 것 만큼 감격적인 것은 없습니다.

나는 여러분에게 곤란이나 문제가 없다고 말하는 것이 아닙니다. 여러분이 보시다시피 우리는 인간이고 육신을 입고 살고 있는 한, 여러가지 문제가 있으며 여러가지 곤란이 있는 것은 나도 잘 알고 있습니다. 문제뿐만이 아니라 환난도 있음을 하나님의 말씀은 분명히 밝히고 있습니다. 저에게도 여러분에게도 그런 것들이 있습니다. 지금 이 시간, 당신이 얼마나 영적으로 깊이있는 사람인가는 관계가 없습니다. 그렇지만 나는 당신에게 약속합니다. 당신이 인간인 이상, 그리고 당신이 이 육체 안에 있으며 이 세상에서 아직 살고 있는 한, 여러가지 문제가 있으며, 여러가지 곤란도 있을 것입니다. 그러므로 나는 언제나 말합니다. "어떠한 곤란이나 어떤 실망스런 일이 있을지라도 하나님이 여전히 보좌 위에 계시고 기도에 귀를 기울이시고 응답해 주시는 한, 그리고 나는 여기서 끝내지 않는다는 것을 잊지 말아 주십시오.

하나님이 전부 해 주신다는 것은 아니지만, 다음 부분도 대단히 중요합니다.

그리고 하나님께 대한 당신의 믿음이 아직 그대로 있는 한, 최종적으로 모든 것이 잘 될 것입니다."

아시는 것처럼 우리들 가운데 많은 이들은 하나님께 모든 것을 맡기고 하나님의 위대하심에만 눈을 고정시키고 있는 것을 좋아합니다. 그것은 마음을 두근거리게 하는 것이며 나는 그것에 대찬성입니다. 그분은 여전히 전능하신 하나님입니다. 하나님의 약속은 진실하며 분명히 이루어집니다. 하나님은 하늘에서도 땅 위에서도 모든 권위를 가지고 계십니다. 하나님은 당신의 생활 가운데 어떤 문제에 대해서도 그 열쇠를 가지고 계십니다. 그렇지만 이것에 두 방향으로부터의 조건이 붙어 있습니다. 하나님 측에서와 당신 측에서의 조건입니다.

당신 측에서의 조건은 하나님을 신뢰하고, 하나님의 약속을 신뢰하고, 하나님은 그러한 약속들을 지켜주신다고 믿는 것입니다. 매 순간 순간 믿음의 발걸음을 유지하는 것은 당신이 해야 하는 것입니다.

그러므로 하나님과 하나님의 약속에 대한 당신의 믿음이 아직 그대로 머무르고 있는 한 모든 것은 유익하게 되도록 함께 역사한다(로마서 8:28)고 말할 수 있습니다. 그때 당신은 그리스도 안에서 승리를 가지고 있음을 알게 됩니다. 그때 언제나 마음에 평안이 있고 유혹과 죄에 대한 승리가 있는 것입니다. 우리는 저 놀라운 산 꼭대기, 비스가 산 높은 봉우리 위에서 영원히 머무르는 것은 아닐까 하고 생각할 때가 있습니다. 그렇습니다. 그것은 놀라운 순간입니다.

우리가 사망에서 생명으로 옮겨지고 하나님께서 우리의 하늘 아버지가 되시고 아버지와 아들의 관계에 들어간 것을 하나님의 성령께서 우리의 영과 함께 증거해주시는 놀라운 순간입니다.

그렇지만 이제 더 이상 유혹은 없다든가, 낙담할 일은 없다는 식으로 잘못 믿지 마십시오.

승리로운 생활이란 한 번 취하게 되면 그것으로 모든 것이 끝난 것이 아닙니다. 이 승리의 생활은 매 순간 순간 믿음을 통하여 얻어지는 것입니다. 믿는 자에게 변함없는 승리는 분명히 있지만 그것은 그 사람이 그리스도를 완전히 신뢰하고 있는 동안에 한해서이며, 더구나 그때 뿐입니다.

단순한 믿음이 없어져버리는 순간, 죄에 대한 승리는 허물어져 버리게 됩니다. 매 순간 순간, 매일 매일, 그리스도를 향한 단순한 믿음이 없어지면 안됩니다. 그것이 우리 주님께서 죄를 한마디로 '불신앙(unbelief)으로 요약하고 있는 이유처럼 보여집니다. 성경은 이렇게 말씀합니다.

"그가 와서 죄에 대하여, 의에 대하여, 심판에 대하여 세상을 책망하시리라, 죄에 대하여라 함은 그들이 나를 믿지 아니함이요"(요한복음 16:8-9)

이것이야말로 참으로 요한이 다음과 같이 기록한 이유입니다.

"세상을 이기는 승리는 이것이니 우리의 믿음이니라"(요한일서 5:4)

그렇다면 세상을 이기는 승리란 무엇일까요? 믿음입니다. 한 번 손에 들어오면 모든 것을 다 끝내버리는 그런 승리는 없다는 사실을 우리는 알고 있기 때문에 우리는 끊임없이 조심하지 않으면 안된다는 것은 명백합니다. 왜냐하면 이 지상에서의 인생은 여러가지 위험에 노출되어 있으며, 여러가지 위험에 둘러싸여 있기 때문입니다. 혹은 정확히 말하면 우리는 언제나 하나님의 평안이 자기의 마음을 지키도록 하지 않으면 안됩니다(빌립보서 4:7).

이전에 어떤 평범한 노동자 분의 이야기를 읽은 적이 있습니다.

그는 다음과 같이 이 부분의 말씀을 인용하고 있었습니다.

"하나님의 일부(역주:영어로는 piece, 평화와 동음어)가 당신의 마음을 지켜주십니다. 나는 그와 논쟁할 수 없었습니다. 그가 생각한 것은 옳았습니다. 우리를 위해 그렇게 해 주시는 분은 우리 안에 거하시는 그리스도, 하나님의 아들입니다. 전에 내가 도달한 결론은 주 예수 그리스도를 따르고 있는 많은 사람들의 생활은 슬프게도 실패였으며, 승리가 아니라는 사실이었습니다. 나는 그런 사람들을 매일 만나고 있으며, 여러분도 틀림없이 그런 사람들을 만나고 있으리라 생각합니다. 그들은 맥없이 주저 앉아 있으며, 승리도 없고 영적인 힘도 없음을 알 수 있습니다. 그들과 함께 장시간을 보내면 그들의 태도가 당신에게도 옮겨져와 버리므로 당신 자신까지 의기소침하게 되어버립니다. 그리스도인이라고 말하면서 패배 가운데 생활하는 사람보다 더 우울한 것은 없습니다.

하나님의 말씀은 이렇게 선언하고 있습니다.

"네가 사는 날을 따라서 능력이 있으리로다"(신명기 33: 25)

하나님은 내일의 시험을 위해 오늘 당신에게 능력을 주시지는 않습니다. 그것은 날마다 준비되어지는 것입니다. 그분은 당신에게 오늘을 위한 힘을 주시고, 오늘 당신에게 닥쳐오는 여러가지 곤란을 이길 수 있도록 힘을 주시는 것입니다. 나는 아침 눈을 뜰 때 다음과 같은 확신과 신뢰를 갖습니다.

오늘 나에게 어떤 일이 일어나도 나의 주님, 나의 하나님께서는 나에게 일어나는 일을 대처할 수 있는 능력을 그때 나에게 주실 것을 나는 알고 있습니다.

그리고 만일 아침에 내가 눈을 떴을 때, 그 시간부터 24시간 동안에 직면해야 하는 것이 무엇이든 안다면 시작하기도 전부터 나는 의기소침해 버리게 될 것입니다. 나는 그것을 견디지 못할 것입니다. 나는 그것을 감당할 수 없을 것입니다. 만일 내가 직면하게 될 실망과 낙담을 안다면, 혹은 내가 해야 하는 모든 일을 안다면 그날 하루를 시작도 하기 전에 나는 지쳐버릴 것입니다.

다음 18~20시간 동안에 일어날 모든 일들을 미리 본다고 한다면 나는 다시 침대로 기어들어가서 "나는 그런 것들을 할 수 없어요"하고 말해버리고는 이불로 얼굴을 덮어쓰고 싶은 유혹에 직면하게 될 것입니다. 그렇지만 그 날, 나는 어떤 일을 직면하게 될지 알지 못합니다. 그래도 나는 안전하게 나갑니다. 왜 그렇습니까? 하나님은 그 날을 위해 힘을 저에게 예비해 주신다는 신뢰와 확신을 나의 마음과 나의 생각에 품고서 나아가는 것입니다. 보시는 바와 같이 나는 이때까지 오랜시간 동안 한 번도 쓰러진 적이 없이 살아왔습니다. 사람들은 그 날 이후의 일들을 보려고 할 때 정신적으로 쇠약해 버리게 됩니다. 당신이 그렇게 하면서 승리로운 삶을 사는 것은 불가능합니다.

만일 내가 지금 당장 멈추어 서서, 달력에 기록되어 있는 나의 일정표 상의 일들을 생각하거나, 만일 내가 그 달력에 기록되어 표시되어 있는 모든 일들과 앞으로 하도록 되어 있는 모든 집회의 봉사, 예정되어 있는 텔레비젼과 라디오 방송, 전해야 할 설교 등의 것들을 곰곰히 생각한다면, 만일 내가 내 앞에 매일 쌓여 있는 산더미 같은 우편물과 나의 책상 위에 있는 기도 요청 편지들을 생각해 낸다면, 나는 금새 타격을 받고 짜부려져서 "나 대신 누군가 다른 사람에게 시켜주세요."라고 말하게 될 것입니다.

그렇지만 나는 그렇게 하지 않습니다. 그러므로 나는 신경쇠약에 걸린 적이 없습니다. 만일 당신이

신경쇠약에 걸려 있다면, 한번에 하루 분량 이상의 생활을 하려고 하며, 한번에 그 한 순간 이상의 생활을 하려고 하기 때문입니다.

  승리로운 그리스도인의 삶을 영위하기 위해서는 다리에 도착하기도 전에 다리를 건너려고 하지 마십시오. 강가에 도착하기도 전에 강의 깊은 곳을 건너려고 하지 마십시오. 밤중에 눈을 뜨고 내일 해야 할 일을 생각하면서 고뇌하지 마십시오. 그렇게 하면 당신은 다음날 지치고 신경이 약해져서 그 일을 착수할 때 정신적으로도 활력이 없고 육체도 휴식을 취하지 못했기 때문에 일은 제대로 할 수 없게 됩니다. 그러므로 그런 것은 하나님께 맡기고 침대에 들어가 주무십시오.
  그것이야 말로 완전한 신뢰입니다. 그것이야 말로 완전한 확신인 것입니다.
  거기가 바로 하나님께 대한 당신의 믿음을 움직일 수 있는 장소입니다. 당신은 자는 것으로 족합니다.
  만일 누군가가 염려해야 한다면 하나님이 일어

나셔서 염려하시도록 하십시오. 그것을 그분께 맡겨 버리십시오. 누군가가 밤동안 일해야 한다면 하나님께서 그 일을 하시도록 하십시오. 당신이 아침에 일어나 눈을 뜨고 그 일에 착수할 때, 정신적으로도 영적으로도 당신은 활력을 얻게 됩니다.

대체 나는 어떻게 계속 유지될 수 있다고 생각하십니까? 내가 하루에 얼마만큼의 일을 하고, 내가 어느 정도 시간이 있으며 또는 내가 하는 모든 것이 어느 정도인지 아무도 모른다고 생각합니다. 만일 내가 여기에서 여러분들에게 말씀드린대로 스스로 생활하고 실행하고 있지 않다면 나는 지금 하고 있는 일을 할 수 없을 것입니다.

내가 말씀드린 것으로 여러분의 신학을 조금이라도 뒤엎어버렸다면 다음 사실을 기억해 주십시오. 만일 당신이 가르침 받아온 것과 성경이 말씀하는 것이 다르다면 언제나 성경이 옳은 것입니다. 만일 내가 무엇인가 말하는데, 그것이 성경의 내용과 반대라면 성경이야말로 하나님의 말씀이므로 성경이야말로 절대적인 권위입니다.

그리고 그리스도인의 생활이란 단순한 것이며 너무나도 단순한 것이기 때문에 가끔은 그것을 어려운 것으로 만들어야 한다는 필요마저 느끼는 것은 아닐까 하고 생각할 정도입니다.

실제로 그리스도인의 생활은 지극히 평범하고 자연스러운 것이어야 합니다.

그리스도인의 생활은 지극히 자연스러운 생활방식입니다. 날마다 지속적으로 건실한 그리스도인의 삶을 사는 것이 손쉽다는 의미는 결코 아닙니다. 그렇다고 그리스도인의 삶이 고통스러워야 하는 것이 아니며, 당신이 그리스도 예수 안에 있는 삶의 방식을 알고 있다면 당신의 삶이 고통스런 삶이 되진 않을 것입니다. 그리스도인은 전세계에서 가장 행복한 사람이어야 합니다. 그리고 당신이 만일 이 승리의 생활을 영위하는 방법을 배운다면 당신은 정확히 그렇게 될 것입니다.

제 4 장
안 식

여러분은 이미 그리스도와의 이 놀랍고 새로운 걸음을 시작했지만 거룩한 생활, 지속되는 승리의 생활을 영위하려고 할때, 따르게 되는 몇가지 위험들을 생각해 봅니다. 성경은 그러한 것이 있다고 가르치고 있으며 하나님의 말씀을 믿는다면 그것을 인정할 수 밖에 없습니다. 그렇지만 하나님의 말씀이 명백하게 증거하고 있는 이 놀라운 삶에 도전해 오는 위험들은 무엇일까요? 미리 경고를 주시는 것은 미리 준비하기 위해서입니다. 어떤 위험일지라도 여러분은 그것과 직면하는 것을 두려워 할 필요는 없습니다. 이러한 삶을 살 수 있을까라든가 승리로운 삶을 매일 확고하게 걸을 수 있을까하고 마음으로 의심할 필요는 없습니다.

하나님의 말씀은 "**그러나 이 모든 일에 우리를 사랑하시는 이로 말미암아 우리가 넉넉히 이기느니라**"(로마서 8:37)라고 말씀하고 있기 때문에 위험도 두려워할 이유는 전혀 없습니다.

예수님은 어느 누구라도 승리자가 될 수 있도록 예비해 주십니다. 우리가 생활 속에서 직면하는 어떤 것에도 승리하도록 해 주실 뿐 아니라, 우리가 넉넉하게 승리 할 수 있도록 해 주시는 것입니다. 얼마나 놀라운 약속입니까. 더구나 이 약속은 하늘과 땅에서 가장 높으신 권위를 가지신 분으로부터 온 약속입니다.

그것과 직면하여 부딪히십시오. 그리고 그것을 받아들이십시오. 그러면 어떤 두려움도 내쫓을 수 있습니다. 무엇보다도 자기의 노력으로 승리로운 삶을 살려고 하는 것은 인간의 타고난 본성입니다. 제가 여기서 말씀드리는 것을 주의해서 들어주십시오. 당신이 그리스도 예수 안에서 언제나 이러한 생활을 해야 한다고 느끼는 그리스도인이 되려고 해서 당신이 괴로워하며 열심히 분발하여 노력하고 있다면 그것을 그만두게 하는데 도움이 될지도 모르기 때문입니다. 당신이 매일 그렇게 해 왔다면 그렇게 함으로 인해 당신의 구원의 기쁨과 하나님의 자녀가 된 기쁨을 거의 빼앗겨 버리고 있다는 사실에 동의할 수 있을 것입니다.

사실 그렇게 하는 것은 삶의 기쁨을 앗아가 버립니다. 예수님을 구세주로서, 또 주님으로서 맨 처음 영접했을 때는 환희의 절정이지만 주님의 도우심과 능력 없이는 이러한 승리로운 삶이 불가능하다는 사실을 알게되면 우리는 자신이 가지고 있는 것을 단단히 껴안고 그것을 잃어버리지 않도록 꽉 잡고 있으려고 언제나 의식적으로 노력하는 경향이 있습니다.

우리의 생각을 내주하시는 그리스도께 집중시키는 노력을 하지 않으면 그리스도를 잃어버리는 것은 아닐까 하는 느낌이 있습니다. 자신이 잠자고 있는 동안에 주변이 흔들리는 것은 않을까 하는 불안감을 느끼면서 밤에 잠자리에 드는 것입니다.

아침에 일어나면 "오늘은 조심스럽게 주의하지 않으면 안된다. 주님 가까이에 있는 이 놀라운 경험을 잃어버리지 않도록 노력해야 한다"라고 생각합니다.

이렇게 생각하는 것은 승리로운 삶이 빼앗겨 버리거나 잃어버릴 수도 있는 축복이나, 소유물처럼 여기는 사고방식에서 오는 것은 아닐까 하고 나는 종종 생각합니다.

사탄은 언제라도 우리로 하여금 그런 식으로 생각하도록 만든다고 나는 믿습니다. 그것이 우리의 손에서 빠져나가 버릴지도 모른다고 우리로 하여금 믿게끔 획책하는 것은 사탄의 계획입니다. 그러나 그렇지 않습니다. 그것은 사실이 아닙니다.

우리가 섬기고 있는 것은 어떤 물건이 아니고, 한 분의 인격적인 존재이심을 언제나 기억하셔야 합니다. 거듭남이라는 이 놀라운 경험과 거룩한 생활, 승리로운 생활은 어떤 것(a thing)과의 관계가 아니라 한 인격(a person)과의 관계입니다. 우리 곁에 와 주시는 분은 주 예수 그리스도이시며 우리가 그분을 소유하기 위해서가 아니라, 그분께서 우리를 소유하기 위해서입니다. 그분이 우리의 손길(Our Grasp)로부터 새어나갈 리는 없습니다. 그분이 우리를 꼭 붙들고 계십니다.

그분은 히브리서 13장 5절에서 **"내가 결코 너희를**

버리지 아니하고 너희를 떠나지 아니하리라"고 약속해 주셨습니다. 그러므로 나는 성령의 충만함보다도 오히려 그리스도 안에 거하는 것을 좋아합니다. 어떤 사람이 그것을 적절하게 표현했습니다.

"한 때는 축복을 원하였지만 이제는 주님을 원합니다. 한 때는 그분의 은사를 원했지만 이제는 은사 주시는 분을 원합니다. 한 때는 치유를 찾아 구했지만 이제는 그분만을 구합니다."

이것은 내가 여기서 여러분께 이야기하고 있는 바를 정확히 표현하고 있습니다. 예수님은 우리를 지켜주십니다. 우리가 예수님을 지키는 것이 아닙니다.

그분은 "**능히 우리를 보호하실 수 있는 분**"(유다서 1:24)이라고 성경은 말씀합니다. 그분은 당신을 지키시고 보호하실 수 있습니다. 우리가 그분을 지켜야 할 필요는 없습니다. 물론 우리는 주 예수 그리스도를 우리 마음의 중심에 모시지 않으면 안됩니다. 우리는 우리 자신이 보호받도록 해야 합니다. 우리 마음 속이야말로 위험이 스며들어오는 장소입니다. 우리는 그분으로부터 더 이상 보호함을 받지 못하게 될 때 곤란한 상황에 빠지게 됩니다. 그렇지만 우리가 그분의 보호해 주심을 기뻐하는 한, 우리가 항상 승리 가운데 머물기 원하는 한, 그분은 우리를 지켜 보호하실 수 있으며, 또한 기꺼이 그렇게 해 주십니다.

내가 여러분께 말씀드리는 것은 승리로운 삶에 관한 것이고 날마다 승리하는 건실한 그리스도인의 생활을 위해 갖출 수 있는 것에 대해서입니다. 그것은 환경에 관계없이, 사회가 불황인가 아닌가에도 관계없이, 당신의 인생에 어떤 일이 일어나려고 하는 것과도 관계없이 승리하는 생활입니다. 믿음과 사랑으로 예수님께 눈을 고정시키고 있는 것에는 예수님을 머물려 두려고 하는 당신편에서의 열열한 노력은 필요치 않으며 요구되지도 않습니다. 그분은 기꺼이 기쁨으로 구원해 주시는 분입니다. 그분은 기꺼이 기쁘게 와 주시는 분입니다. 그분이 기꺼이 주님이 되어주시는 분입니다. 당신이 믿음으로 예수님을 볼 때 긴장한 눈(strained eyes)으로 보는 것이 아니라, 온화하고 편안한 시선(restful gaze)으로 보아야 합니다.

피츠버그의 중심가에 있는 제일 장로교회에서 열리는 기적의 예배에서 사람들은 긴장된 표정으로 주먹을 굳게 쥐고 앉아 있었습니다. 그들은 치료 받으려고 너무 긴장해 있던 나머지, 마치 자기 스스로 자신을 치유하려고 하는 듯했습니다. 하지만 그래서는 안됩니다. 주님 안에서 전적으로 완전히 안식하십시오. 주님의 선하심 안에서 완전히 긴장을 푸십시오. 당신이 주님의 위대하심과 성령의 놀라우신 권능에 대해 생각하고 있는 그 순간에, 그리고 당신의 믿음의 창시자시요 완성자이신 예수님께 눈을 고정시키고 있을 때, 갑자기 당신은 성령님의 영광스러운 임재가 당신의 온 몸을 통하여 흐르는 것을 느끼게 될 것입니다. 긴장한 눈길로서가 아니라 온화하고 편안한 시선으로 예수님을 바라보는 것입니다. 그렇게 한다면 전혀 다른 결과를 가져오게 됩니다.

요한복음 15장 4절에서 "내 안에 거하라"고 말

씀하고 있습니다.

당신의 승리로운 삶에 관한 한, 그분 안에서 평화롭게 안식하십시오. 깜짝 깜짝 놀랄 일이 생길 때마다 시험이 닥쳐 올 때마다 다만 그분 안에 거하시기만 하십시오. 그분은 세세의 반석(the Rock of ages)이십니다.

그분은 전능하신 분입니다. **"들의 백합화가 어떻게 자라는가 생각하여 보라"**(마태복음 6:28). 백합이 자라는 것은 자신의 노력과 노고에 의해서가 아닙니다. 백합은 태양 빛 아래 거하며 그 생명 안에서 수분을 흡수합니다. 하나님의 말씀은 우리에게 이 사실을 생각나게 해줍니다.

"너희중에 누가 염려함으로 그 키를 한 자라도 더할 수 있겠느냐"(마태복음 6:27)

우리 주님께서 생각하고 계셨던 것은 육체의 키 이상의 것이었습니다. 승리로운 삶을 유지하는 것은 우리의 믿음이 아니라 주님의 신실하심에 의해서입니다.

시편 37편 3절에 "**여호와를 의뢰하고 선을 행하라. 땅에 머무는 동안 그의 성실을 먹을 거리로 삼을지어다**"라고 기록되어 있습니다.

우리가 매주 여는 월요일 밤 집회에서 강단에서 제가 이 말씀을 자주 읽는 이유는 사람들이 일요일보다 오히려 월요일에 이 말씀을 들어야 할 필요가 있다고 믿기 때문입니다. 우리가 모든 문제나 곤란에 직면하는 것은 그 주간 중입니다. 주님을 신뢰하십시오. 그분을 신뢰하고 선을 행하십시오. 선을 행하지 않고 하나님을 신뢰하는 것은 불가능합니다. 당신이 선을 행하고 있지 않다면 당신은 주님을 신뢰하는데 결여된 뭔가가 있습니다. 당신이 확실히 주님을 신뢰하고 있다면 필연적으로 선을 행하게 될 것입니다. 우리 주변의 악과의 싸움을 생각해 봐도 원수의 힘은 크고, 우리가 살고 있는 이 시대의 유혹과 욕구불만등은 우리보다 몇배나 격렬하다는 것을 나는 알고 있습니다. 그러나 그런 사실을 고려할지라도 우리는 자기자신의 능력과 노력을 신뢰하는 것이 아니라, 우리의 신뢰를 전적으로 하나님께 두어야 합니다. 우리 주님께서 제자들에게 다음과 같이 말씀하시고 가르치셨을 때, 이 사실이 명백히 드러나 있습니다. **"보라 내가 너희를 보냄이 양을 이리 가운데로 보냄과 같도다"** 이 말씀을 좀더 자세히 살펴보겠습니다. 예수님은 계속해서 어떻게 말씀하셨을까요? "그러므로 너희는 빈틈 없이 무장하여라"라고 말씀하셨을까요? 아닙니다. 그분은 그렇게 말씀하시지 않았습니다. 그분은 계속해서 이렇게 말씀하십니다. **"그러므로 너희는 뱀 같이 지혜롭고 비둘기 같이 순결하라."**

왜일까요? 그분은 우리를 지켜 보호해 주시는 분이시기 때문입니다. 그분은 우리의 방패입니다. 모든 것을 그분께 맡기는 것이 곤란할 때도 있습니다. 당신이 좌절해 있고 그러한 환경 가운데 살아가지 않으면 안될 때, 당신이 비둘기처럼 불순물이 없는 상태로 있으면서 그리스도 안에 안식하는 것은 쉬운 일이 아닐지도 모르겠습니다. 그렇지만 하나님은 당신을 지켜주시는 분이시며 당신의 방패이시므로 당신은 안식할 수 있습니다. 그리고 그분 안에서 당신은 승리자 이상의 존재입니다.

제 5 장
시 험 (temptations)

 언제나 승리 가운데 살아가는 이 놀라운 생활을 보증하는 것은 자기의 노력이 아니라는 것을 이미 살펴보았습니다. 그리고 또 한 가지 진리를 말씀드리고 싶습니다. 이 승리로운 생활은 유혹과 시험이 없는 생활이 아니라는 것입니다. 거듭남의 놀라운 체험을 한 후, 자기의 죄가 용서 받았음을 아는 경험에 이어, 주 예수 그리스도와의 환희의 절정의 생활을 하면 언제나 그런 상태가 계속되어 가리라고 생각하는 사람들이 있습니다. 즉 시험도 어려움도 없는 생활을 말합니다. 나도 사람들이 구원의 기도를 드리는 것을 인도해 왔습니다. 꿇어 앉았던 그들이 일어났을 때, 얼굴은 아직 눈물로 얼룩져 있었습니다. 나는 그들에게 이렇게 말했습니다. "이제 당신은 누구의 소유인지를 기억해 주십시오. 당신은 하나님의 상속인, 그리스도 예수와의 공동 상속인입니다. 당신은 아주 중요한 사람입니다."

그런데 이젠 두 번 다시 시험 같은 건 오지 않는다고 생각하기 쉽습니다. 그렇지만 인생은 그런 것이 아닙니다. 당신은 회심했지만 악마는 회심하지 않았습니다. 악마도 회심한 것처럼 당신이 느낄지도 모르겠지만, 그는 변하지 않았으며 그대로입니다.

그러므로 그리스도인의 생활은 시험이 없는 생활이 아닙니다. 지금까지 단 한 분만이 승리로운 생활을 도중에서 꺾인 적 없이 보내셨습니다. 바로 우리의 주님이시고 구주이신 그분 자신이셨습니다. 그리고 하나님의 말씀에 예수님은 죄를 범한 적이 없고 우리와 동일하게 모든 점에서 시험 받으셨다고 기록되어 있습니다(히브리서 4:15).

누군가가 강단에 서서 "이 놀라운 거듭남의 체험을 한 후에는 더 이상 시험 같은 것은 없다"고 가르칠 때, 그 사람의 가르침은 비성경적으로 되어버립니다.

아담과 하와가 죄없는 상태로 창조되었지만 시

험받았을 때 그들도 넘어져 버렸습니다. 그러므로 우리는 악마가 우리를 유혹한다고 해서 놀라워해서는 안됩니다. 그는 우리를 끌어내리려고 전력을 다하고 있습니다. 그는 우리의 약점을 알고 있으며 언제 우리가 지치는지도 알고 있습니다. 그는 원칙 따위는 전혀 가지고 있지 않습니다. 우리가 상처를 받기 쉬운 순간이 오기를 기다리고 있다가 그때가 오면 그는 공격합니다.

선지자 엘리야는 그것을 알고 있었습니다. 한 때 그는 위대한 영적 거인으로 바알 선지자들에게 도전했습니다(열왕기상 18장).

여러분과 저는 놀라운 기적을 본 적이 있다고 생각할지도 모르겠지만 엘리야가 한 것은 과거에 있었던 가장 놀라운 기적의 집회 가운데 하나였습니다. 나는 거기에 참석할 수 없었던 것을 유감스럽게 생각합니다. 여러분도 나도 병든자의 육체가 하나님의 권능에 의해 치유받는 것을 보아왔습니다. 그리고 "얼마나 놀라운 일인가"라고 올바르게 말할 수 있습니다.

그렇지만 나는 이렇게 말하겠습니다. 여러분과 내가 경험하거나, 목격했던 어떤 것보다도 위대했던 것은 엘리야가 바알 선지자들 앞에 서서 주님의 이름으로 그들에게 도전하고 하나님이 임하셔서 하늘에서 불을 내려 주셨던 것입니다. 엘리야가 거짓 선지자들의 신들에게 도전하고 있었을 때 만일 내가 그 장소에 있었더라면 나는 하나님이 어떤 상황에서도 승리하신다는 것을 알고 틀림없이 엘리야 뒤에 선 채로 그를 격려하고 있었을 것입니다.

그렇지만 기억해 주십시오. 그로부터 불과 몇시간 후 엘리야의 육신이 지쳐버리고 육체의 힘이 없어졌을 때, 그 시험이 왔던 것입니다. 그도 역시 인간이었습니다. 악마는 엘리야를 공격해야할 그 약해진 순간을 기다리고 있었던 것입니다. 갈멜산 정상에서의 그 빛나던 승리의 불과 몇시간 후에 엘리야는 죽기를 원하는 기도를 드렸습니다. "나를 죽게 해 주십시오. 이세벨이 나를 죽이고자 하나이다." 하고 그는 외쳤습니다.

원수가 우리를 대적해 올 때 우리는 너무나 빨리

너무나 쉽게 하나님의 능력을 망각해 버립니다. 엘리야가 의기소침했던 그 순간 하나님은 그를 떼어놓아 버리셨을까요? 하나님은 그를 잊어버리셨거나 돌보지 않으셨을까요?

아닙니다. 그렇지는 않습니다. 하나님은 그를 잠들게 했던 것 뿐입니다. 엘리야에게 필요한 것은 열두 시간이나 열 네 시간 푹 쉬고 잠자는 것 뿐임을 하나님은 아셨습니다. 그리고 그 후에 하나님은 천사를 보내어 엘리야에게 떡을 구워주시도록 했습니다. 우리의 하늘 아버지는 바로 그런 분이십니다.

그렇지만 여러분이 이해하고, 그리고 결코 잊지 않길 바라는 것은 우리의 육신의 힘이 가장 약해졌을 때, 원수의 공격은 매우 자주 온다는 것입니다.

악마가 엘리야를 공격했던 것은 이 하나님의 종이 육체가 지쳐있던 때이고, 악마는 엘리야를 육의 연약을 통하여 공격했던 것이었습니다. 영적인 연약함이나 이 선지자의 영에서의 약점은 아무것도 없습니다. 약함은 육에 있었고 하나님은 그것을 아셨습니다.

그러므로 사탄이 우리를 유혹할 때 놀라지 않도

록 합시다. 그가 우리를 온 힘을 다해 끌어 내리려고 하는 것은 이 승리로운 생활이야말로 진실로 중요한 유일한 것이기 때문입니다. 이렇게 하여 하나님의 자녀들은 한 사람 한 사람 시험받는 것입니다. 그렇지만 우리는 시험에 직면해도 그것을 기쁨으로 간주할 수 있습니다.

왜냐하면 성경에서 **"모든 것 위에 믿음의 방패를 가지고 이로써 능히 악한 자의 모든 불화살을 소멸하고"**(에베소서 6:16)라고 말씀하고 있기 때문입니다. 그러므로 나는 여러분께 다시 한 번 이것을 말씀드립니다.

뭔가 일어나려고 해도 하나님이 여전히 보좌 위에 계시고 기도에 귀를 기울이시고 응답해 주시는 한, 그리고 하나님께 대한 당신의 믿음이 아직 있는 한 당신은 패배할 수가 없습니다. 당신은 패배하지 않을 것입니다.

어느 누구라도 하나님께 대한 믿음이 아직 있는 한, 패배 속으로 가라 앉을 필요는 없습니다. 그리고 가장 놀라운 것은 하나님은 그 믿음조차도 예비해 주신다는 것입니다. 왜냐하면 그분이 우리의 믿음의 창시자시오 완성자이기 때문입니다(히브리서 12:2).

하나님이 그 믿음을 예비해 주시기 때문에 우리가 어떻게 패배할 수 있겠습니까? 당신은 지금 이 시간 패배하고 있을지도 모르겠습니다. 그리고 당신이 처해진 상황에서 승리의 길이 보이지 않을지 모릅니다. 혹은 당신은 주님에게서 떠나버린 사람일지도 모릅니다. 물론 그러한 환경에서는 어떤 영적인 결과도 얻지 못하고 있을 것입니다.

당신은 당신이 사랑하는 사람들과 당신의 교회, 교인들 혹은 당신의 직장 사람들에게 영향을 줄 수 없는 상황에 있는지도 모르겠습니다. 사람들은 당신이 패배한 상태를 알아차리고 있으며, 한편으로 당신은 참으로 중요하고도 유일한 생활, 즉 승리로운 생활을 간절한 마음으로 소망하고 있는지도 모릅니다. 위를 올려다 보고, 믿음으로, 믿음의 방패를 붙잡으십시오. 바로 지금 그렇게 하십시오.

환경이 어떻든 믿음의 방패는 악한 자의 모든 화전을 소멸할 수 있습니다.

만일 그것이 진실이 아니라고 한다면 하나님은 그렇게 말씀하시지 않았을 것이기 때문입니다.

제 6 장
함 정

    그리스도인으로서의 걸음 가운데서 우리 앞에 놓여져 있는 여러가지 함정들을 조사해 보면, 매우 많은 사람들이 부정적인 생각을 가지고 있다는 사실을 나는 관찰할 수 있었습니다. 그들은 부정적인 인생을 살고 있으며 그들의 모든 부분에서도 그들이 스스로 창출해내고 있는 역경적인 것들이 배어 나오고 있습니다.

    여러분이 불행하게도 그들 앞으로 걸어가게 된다면 한 마디 말도 하기 전에 그들의 태도에 빨려들어가 침체되는 느낌을 받고, 여러분은 "이게 무슨 일인가? 왜 이런거지?"라고 생각합니다.

    부정적인 사람이 되어서는 안됩니다. 실패하게

될거라고 생각하고 해보려고도 하지 않고, 거절당할 것이라 생각하고 부탁하지도 않고, 누군가로부터 언짢은 소리를 듣게 될까봐 요청하지도 않는 이러한 패배적인 태도를 취해서는 안됩니다. 그러므로 여러분은 수동적인 자세로 있게 되는 것입니다.

옛 속담에 "당신은 흔들의자에 앉아서 일생동안 그대로 있다"라는 말 그대로 입니다. 생애의 마지막 날이 와서 여러분은 패배와 거절을 두려워하여 결국 어느 것 한 가지도 해보려고 시도하지 않았다는 사실을 깨닫게 되는 것입니다. 지금, 그 의자에서 일어나십시오. 그러면 당신은 틀림없이 자신의 노력한 결과에 깜짝 놀라게 될 것입니다.

내가 그렇게 말하는 것은 매우 간단하고 쉽다고 여러분은 생각할지도 모릅니다. 그렇지만 내가 왜 이런 말을 하는지 아십니까? 그것은 내가 지금까지 줄곧 그러한 삶을 살아왔기 때문입니다. 내가 그러한 삶을 살아가고 있는 것은 내가 사람들에게 눈을 주목하는 것을 그만 두었기 때문입니다. 그 대신 나는 하나님께 나의 주의를 집중시켜 왔습니다. 하나님께 어떤 한계같은 것은 전혀 없으며 하나님의 약속 안에 패배는 전혀 존재하지 않습니다.

나는 자신이 그리스도인의 삶을 살아갈 수 없을 거라고 생각하고, 그것이 바로 자기가 그리스도인이 안된 이유라고 핑계거리로 삼고 있는 사람을 지금도 생각합니다. 그런 사람들은 자기가 지금까지 만났던 위선자들을 지적하고 그들의 실패에 대해서 이야기합니다. 무슨 의미인지 아시겠습니까? 나는 그런 식으로 지적하는 사람보다도 그들로부터 지적당하는 그 위선자들을 오히려 더 신뢰합니다. 왜냐구요? 그들은 노력하려고 하기 때문입니다. 위선자들을 지적하기만 하는 사람은 뭔가를 시작조차 해 본 적이 없습니다. 그런 사람은 "위선자"라고 자신들이 라벨을 갖다 붙였던 사람들에 대해서 이야기해서는 안됩니다. 그들은 당신이 해온 이상의 것을 지금까지 해 왔습니다. 그들은 적어도 노력은 했지만 지적만 하고 있는 사람은 아무것도 하지 않았습니다.

기억하십시오. 여러분과 제가 육체 가운데 있는

한 언제나 시험 받을 가능성이 있습니다.

구약성경 레위기 4장 3절에 이렇게 기록되어 있습니다.

" …… **기름부음을 받은 제사장이 범죄하여** …… "

여러분은 제사장이 죄를 범한다는 사실에 대해 지금까지 생각해 본 적이 없었을지도 모르겠습니다만 하나님은 인간의 본성과 연약함을 알고 계십니다.

하나님은 친히 기름부어 주셨던 사람들이든, 누구이든 돌보아 주십니다. 여러분이나 누군가 다른 사람이 하나님께 기름 부으심 받았다는 이유로 유혹에 직면하거나 죄를 범하게 될 기회가 전혀 없다는 것은 아닙니다. 하나님은 이것에 대해 분명히 말씀하십니다. 성경 이 부분에서 하나님은 친히 기름을 부으신 제사장에 대해서 "……**제사장이 범죄하여**……"라고 말씀하시고 있습니다.

어느 누구이든 죄를 범하는 것을 피할 수 없다는 것은 여기에서 명백해 집니다. 당신도 인간이라면 죄를 범하는 경우가 있을 수 있습니다. 그렇지만 매우 기쁘게도 가령 당신이 죄를 범해도 주님은 그것에 대해 예비해 두셨으며, 가령 내가 죄를 범해도 주님은 나를 위해 그러한 것들에 대하여 예비해 주셨습니다.

그러므로 자기는 지탱할 수 없을 것 같으므로 그리스도인이 될 수 없다고 말하는 사람은 매우 빈약한 변명을 방패로 삼아 숨어 있는 것입니다. 범죄하게 될 가능성을 바라보는 것이 아니라, 그것에 대해 예비해 두신 것에 당신의 눈을 주목하십시오.

아버지 하나님은 모든 것을 고려해 주셨습니다. 하나님은 단 한가지도 망각하시지 않았습니다.

그분은 육의 연약함을 이해하십니다. 그분은 우리를 창조하셨습니다. 우리가 우리 자신을 알고 있는 이상으로 하나님은 우리의 모든 것을 아시고 계십니다. 이렇게 하여 하나님은 가령 우리가 죄를 범해도 모든 대비를 해 주셨습니다.

이해하기 쉽도록 예를 들어 말씀드리겠습니다.

바다를 항해하는 선박은 어느 것도 난파나 충돌이 있어서는 안되기 때문에 충분한 구명보트를 예비해 놓고 있습니다. 그 배가 큰지 작은 지는 관계가 없습니다. 폭풍이나 충돌, 또는 조난의 가능성이 있기 때문에 배에는 언제나 구명보트가 예비되어 있습니다. 물론 이것은 선장이 자신의 배를 일부러 난파시키려는 것을 의미하는 것은 아닙니다. 그렇지만 언제라도 재난의 가능성이 있기 때문에 사전에 준비되어 있는 것입니다.

그리고 하나님은 지혜로우시고 결코 실패하시지 않는 하늘 아버지이심으로 우리가 죄를 지으면 안되기 때문에 충분히 대비해 주셨습니다.

앞 장에서 승리로운 삶은 믿음을 실행함으로써 얻어지며, 이 놀라운 매일의 행보는 언제나 믿음의 태도를 취함으로써 유지되는 것임을 언급했습니다. 주 예수 그리스도를 향한 이러한 흔들리지 않는 믿음이 없으면 안됩니다. 여러분이나 제가 실패했다고 합시다. 그리고 시험(tempation)이 온다면 우리는 그 시험에 굴복해 버려야 할까요? 그러한 위험에 직면하게 될 때 우리가 사탄의 압박에 굴복해 버린다면 어떻게 되겠습니까? 어느 누구라도 굴복해 버릴 가능성은 있습니다.

그러나 다음과 같이 반론하는 사람도 있을 것입

니다. "나는 성령으로 충만해 있습니다. 나는 방언을 말합니다. 나는 이러 이러한 은사를 가지고 있습니다. 내가 속해 있는 교단은 죄 같은 것은 없다고 믿습니다." 그러한 입장의 사람들과는 반대로 누구든지 아직 육 가운데 있으므로 유혹에 직면하여 실패하여 죄를 범할 가능성이 있다고 하는 입장의 사람들도 있습니다.

"우리에게 있는 대제사장은 우리의 연약함을 동정하지 못하실 이가 아니요 모든 일에 우리와 똑같이 시험을 받으신 이로되 죄는 없으시니라"(히브리서 4:15)

그렇습니다. 당신은 성령으로 충만해 있을 수도 있습니다. 당신은 성령세례를 받았던 적이 있을 수도 있으며, 당신은 방언을 말했던 적이 있을 수도 있습니다. 또한 하나님은 당신에게 몇 가지의 성령의 은사를 주셨을 수도 있습니다. 그러나, 그렇다고 할지라도 당신은 여전히 사탄의 공격을 받는 경우가 있습니다. 주님으로부터 많은 것을 받은 사람들이야말로 우리 혼의 원수가 가장, 끊임없이 포위하여 노리고 있는 사람들이라는 생각을 나는 자주 하게 됩니다.

주의 깊게 걸으십시오. 부드럽게 걸으십시오. 당신이 가지고 있는 것을 잘 지키십시오. 만일 당신이 성령으로 충만한 사람이고, 만일 하나님께서 당신에게 하늘로부터 은사를 주셨다면…, 만일 당신이 위대한 영적체험을 경험한 적이 있다면…, 이러한 것들을 주의하여 지키십시오.

왜냐하면, 당신이야말로 원수가 공격할 목표가 되는 사람이기 때문입니다.

당신이 영적으로 깊은 체험을 하면 할수록 당신을 대적하는 사탄의 공격은 점점 더 커집니다.

왜냐하면 당신은 연약한 그리스도인보다 더 큰 영향력을 가지고 있기 때문입니다.

이것은 지극히 이치에 맞습니다. 만일 원수가 영적 거인을 넘어지게 하여 하나님을 위한 그 사람의 영향력을 멈출 수만 있다면 그것이야말로 사탄이 좋아하는 계획입니다. 그리스도를 위하여 거의 혹은 전혀 영향력이 없는 사람은, 비록 그 사람이 거듭났으며 구주와의 그러한 영적 경험을 한 적이 있는 사람일지라도, 예수님의 가까이에 살고 있는 사람과 동일한 정도의 시험에 직면하지는 않습니다.

가령 원수가 엉거주춤하게 양다리를 걸치고 있는 그리스도인을 유혹하여 쓰러뜨렸다고 해도 원수의 승리는 대수롭지 않는 것입니다. 영적인 영향력이 큰 인물을 비틀거리게 하고 뒤로 물러서게 하는 것과는 비교가 되지 않습니다. 그러므로 우리는 매우 주의 깊게 나아가야 합니다. 우리는 교만해서는 안되며 믿음을 돈독히 지키지 않으면 안됩니다. 왜냐하면 승리로운 생활은 믿음을 실행함으로서 얻어지는 것이기 때문입니다. 그리고 그것은 언제나 믿음의 자세를 견고하게 유지함으로서만 지속될 수 있습니다.

사실에 직면해 봅시다. 실패하여 여러분이 죄 가운데 빠질 때, 무슨 일이 일어날까요? 도대체 어떻게 될까요? 나는 지금 여기서 여러분께 말씀 드릴 수 있지만 그렇게 하여 사탄이 승리한 후에도 사탄은 즉시 "승리로운 삶 따위는 없다. 설령 있다고 해도 너는 애초부터 하나님의 축복 같은 건 가지고 있지 않았다"고 여러분을 속이려고 합니다. 혹은 사탄은 "하나님의 축복은 영원히 지나가 버렸다. 너는 그것을 영원히 놓쳐버렸다"는 거짓말을 여러분으로 하여금 믿어버리게끔 할지도 모릅니다.

그런 말을 들으면 이렇게 말하는 사람들이 있습니다. "캐트린 쿨만씨, 어떻게 나에 대해서 그렇게 정확히 알고 계십니까?" 나는 알지 못합니다. 그렇지만 나는 원수가 어떻게 기만하는지는 정확히 알고 있습니다. 만일 원수가 여러분에게 "처음부터 너는 구원 받은 것이 아니었어"라는 생각을 주입시킬 수 있다면 그는 큰 승리를 얻은 것입니다. 만일 원수가 여러분에게 "너는 결코 성령으로 충만함을 받은 적이 없어"라는 생각을 주입시킬 수 있다면 그는 갑절의 승리를 얻게 된 것입니다.

만일 원수가 "너는 특별한 일을 하도록 하나님의 부르심을 결코 받은 적이 없다"는 생각을 여러분께 주입시킬 수 있다면, 그는 엄청난 승리를 거두게 되는 것입니다.

원수는 여러분의 생각 속에 의심을 심으려고 시도할 것입니다. 그리고 기억하십시오. 의심은 성령으로부터 오는 것이 아닙니다. 의심은 하나님으로부터 오는 것이 아니고, 의심은 여러분의 원수인 악마로부터 오는 것입니다. 패배나 의기소침은 결코 하나님으로부터 오는 것이 아닙니다. 부정적인 것은 무엇이든, 결코 하나님으로부터 오는 것이 아닙니다.

승리는 하나님의 언어이며 우리는 우리를 사랑하시는 그리스도를 통하여 압도적으로 승리하였으며 또 승리하고 있습니다.

그러므로 여러분 중에 누군가가 유혹에 굴복하게 되면, 즉시 사탄이 와서 이렇게 말합니다. "너는 이제 끝장났어. 너는 완전히 파멸되었어. 너의 증거는 전혀 효과가 없어. 너의 가족들이 어떻게 생각하겠니? 또 교회의 사람들은 너를 어떻게 생각하겠니? 너는 이제 끝장이야" 이런식으로 그 사람은 참혹한 패배를 경험하게 됩니다. 그 사람은 이 세상에서 가장 비참한 인간이 되는 것입니다.

당신은 선교사로서, 사역지에서 하나님을 위해 놀라운 사역을 했던 사람일 수도 있습니다. 그러나 거기서 당신에게 무슨일이 일어나거나, 당신의 가족 중 한 사람에게 무슨 일이 일어나서 당신의 원수가 그것을 빌미로 삼아 "너는 이제 모든 것이 끝장났다. 너는 이제 영향력을 잃어버렸다"라고 당신에게 말하고 또 그렇게 믿도록 획책합니다.

만일 원수가 당신의 길을 벗어나게 하여, 당신을 선교지에서 떠나게 하여 당신으로 하여금 당신의 본국에 있는 조그마한 전세방으로 되돌아 갈 수 있게 할 수 있고, 당신의 남은 삶을 패배와 실의 가운데 살도록 할 수 있다면 원수는 대승리를 거두게 되는 것입니다.

만일 당신이 패배하고 굴복해 버린다면, 만일 주님을 위한 당신의 노고를 사탄이 좌절시킬 수 있다면, 주 예수 그리스도에 대해 한 번도 들을 수 없게 되어버리는 사람들이 있다는 사실을 생각하십시오.

지금 즉시 일어나서 그것에 대해 뭔가를 행하기 시작하십시오.

그렇지만 당신은 이렇게 말할 것입니다. "내가 할 수 있는 것은 무엇입니까? 우선 맨 먼저 이것을 기억하십시오. 죄는 고백되어질 때 용서함을 받는 것입니다(요일 1:9). 사탄의 말에 귀를 기울이거나 당신을 비난하기만 하는 사람들의 말에 귀를 기울여서는 안됩니다. 성경에는 승리에 대한 가르침이 많이 있습니다. 승리는 그리스도에 의해 가르침을 받게 되며 그 승리의 가르침은 바울 서신과 요한 서신에서 거듭 거듭 반복하여 계시되고 있습니다.

우리가 몇번이나 반복하여 넘어지고 실패해도 하나님은 우리에게 승리로운 삶을 주셨다는 사실을 기억해 주십시오. 그렇다면 하나님은 사람이 나중에 한 번 넘어진다면 영원히 승리로운 삶을 접어버린 것으로 하시는 것일까요? 아닙니다. 그것은 결코 아닙니다.

"그 때에 베드로가 나아와 이르되 주여 형제가 내게 죄를 범하면 몇 번이나 용서하여 주리이까 일곱 번까지 하오리까 예수께서 이르시되 네게 이르노니 일곱 번뿐 아니라 일곱 번을 일흔 번까지라도 할찌니라"

(마태복음 18:21-22)

베드로가 자기의 형제가 자신에게 죄를 범했다면 몇번까지 용서해야 할까요? 하고 물었을 때, 예수님은 친히 그 대답을 주셨습니다. 한 번입니까? 아니면 두 번까지 입니까? 주님, 최대한 (용서를 위해 힘을 짜내면서) 일곱 번까지 입니까? 성경은 이렇게 말씀하고 있습니다. "일곱 번을 일흔 번까지"입니다.

그 사람이 와서 죄를 고백하고 용서를 구하는 한, 우리는 거듭 거듭 계속하여 용서해 주어야 합니다. 만일 주님께서 자신의 용서하시는 행위를 제한해 버리신다면, 또 만일 주님이 우리를 한 번 밖에 용서하시지 않는다고 약속하셨다면 혹은 다섯 번, 여섯 번, 최대 일곱 번까지 밖에 우리를 용서해 주시지 않는다고 약속하셨다면 우리는 모두 낙심하고 실망하여 가라앉아버릴 것입니다.

하나님의 용서가 제한적이라는 언급은 하나님의 말씀 어디에서도 발견할 수 없습니다. 그러나 만일 사탄이 속삭이며 "너는 용서받을 수 없어"라는 생각을 당신에게 주입 시킬수만 있다면 그는 그렇게 할 것입니다. 그러면 사탄은 큰 승리를 거둘 것입니다.

우리가 용서를 받아들이거나 승리로운 삶을 유지하기 위해서 우리 편에서 노력하거나 분투해야 할 것은 아무것도 없다는 사실을 지금까지 보아왔습니다. 그것은 주 예수 그리스도의 긍휼입니다. 그러므로 우리가 죄를 범했을 때 우리가 노력하거나 분투해도 우리는 결코 원래대로 회복시킬 수 없다는 것은 명백합니다.

우리가 어떤 죄 가운데 빠진다면 우리의 구주께서는 우리가 용서를 구하여 믿음으로 즉시 그분의 눈을 주목하길 원하십니다. 즉시 그렇게 하십시오.

당신이 죄를 의식하는 순간 하나님께 용서를 구하십시오. 그렇게 하면 하나님은 즉시 당신의 죄를 정결케 해 주십니다. 죄를 고백하는 순간 당신의 죄는 사라지게 됩니다. 하나님을 찬양합니다.

제 7 장
또 다른 위험들

이제 좀처럼 토론되지 않는 것에 대해 생각해 보도록 하겠습니다. 오류가 절대로 없다(infallibility)고 확신해 버리는 실수를 하지 말아 주십시오. 여러분은 "도대체 무슨 의미입니까?"라고 말할지도 모르겠습니다. "그런 것은 어리석다"고 생각하실지도 모르겠습니다. "나는 오류가 없다고는 생각하지 않습니다"라고 말하는 사람들도 있을 것입니다.

하지만 잠시만 기다려 주십시오. 여러분의 인생과 저의 인생에는 어떤 위험들이 현실적으로 존재합니다.

우리 주님과의 교제, 내주하시는 그리스도의 권능과 임재에는 큰 기쁨이 있다는 것을 나는 잘 알고 있습니다. 그러나 그것은 우리의 권능이 아닙니다.

그것은 그리스도의 권능입니다. "어떤 것에 대해서라도 나는 언제나 하나님의 뜻을 알고 있다. 그러므로 나는 언제나 옳다"라고 생각해 버리는 위험을 여러분이 깨달으시길 바랍니다.

여러분은 "나는 결코 실수하지 않는다"고 하는 강한 확신을 가지고 있을 정도로 영적인 사람들을 만났던 적이 있습니까? 틀림없이 있을 것입니다.

그런 사람들은 내주하시는 그리스도의 임재를 매우 확신하고, 하나님의 말씀에 대한 지식을 매우 강하게 확신하고 있으며, 하나님과의 관계를 매우 강하게 확신하고 있어서, 어떤 결단을 하는 것에도 실수할 리가 없다라고 매우 강하게 확신하고 있기 때문에 그것이 바로 한 가지 위험이 되는 것입니다.

나는 전에 매우 놀라운 그리스도인 신사 한 분에 대해서 읽은 적이 있습니다. 그는 하나님께 헌신한 네 명의 남성과 함께 생활했던 당시를 서술하였습니다. 그 사람들은 모두 헌신한 그리스도인으로 거룩한 생활에 있어서는 그보다도 훨씬 많은 경험이 있는 사람들이었습니다. 그들 중에는 성경 말씀으로부터 깊이 가르침을 받은 사람이 한 분 있었습니다. 그는 언제나 혼자서 오랜 시간동안 기도했습니다. 그러므로 그는 모든 것에서 또 어떤 상황에서도 그리스도의 생각을 가지고 있다고 생각했습니다.

그는 "자기의 생각과 상충되는 의견은 분명히 잘못되었다"고 여기는 사고방식의 소유자였습니다.

그는 "자기는 하나님 아버지께 기도하는데 많은 시간을 소비하고 있기 때문에 어떤 때라도 자기는 옳다"고 확신하고 있었습니다.

그는 "다른 사람들보다 자기가 어느 정도 영적으로 깊은 것은 당연하다"고 생각하고 있었습니다. 그가 옳았을 때도 있었던 것은 확실하지만, 때로는 그가 틀렸던 경우도 있었습니다.

우리들 중 누군가가 아무리 영적으로 심오할지라도, 우리는 틀릴 수도 있다는 사실을 기억해야 할 필요가 있습니다. 왜냐하면 우리는 인간이며 언제나 옳은 사람은 아무도 없기 때문입니다.

어느 날 아침 그는 매우 조용히 말했습니다. "나는 여러분 누구보다도 많은 시간을 주님과 함께 보내왔고, 나는 내가 옳다는 것을 알고 있기 때문에 나의 결정이 정확하고 틀림 없는 것으로 간주해야 한다는 것을 여러분 모두가 알아주셨으면 합니다."

그 그룹 중 한 사람이 일어나서 말했습니다. "친애하는 짐 형제, 우리도 하나님의 인도하심을 받고 있다고 생각합니다. 제 말을 오해하지 말아주십시오. 기억하십시오. 우리는 틀리기 쉬운 자들이기 때문에 우리 모두는 틀릴 수도 있습니다. 완전하신 분은 오직 한 분인데 그분은 예수 그리스도입니다"

그 특별한 사람은 자기의 의견은 언제나 하나님에 의해서 절대 확실한 것으로서 인도받고 있다고 생각하고 있었습니다. 그러나 사실은 그렇지 않았습니다. 내가 오랜 세월을 통하여 배워온 것은 우리는 누구라도 영적으로 조금 "귀가 들리지 않는" 상태가 될 때가 있고 하나님의 메시지를 언제나 분명하게 들어 알고 있다고는 단정할 수 없다는 것입니다. 그것은 마치 귀가 부자유한 사람은 언제나 전화로 완전하게 들을 수는 없다는 사실과 동일합니다.

전화를 받아도 청각장애 때문에 조금 귀가 멀어

서 잘못 듣기 쉬운 사람을 아마 여러분도 알고 있으리라 생각합니다. 이와같이 우리가 때때로 영적으로 귀가 들리지 않게 되는 경우가 있는 것도 사실입니다. 하나님의 교리를 완벽하게 알기 전에 하나님의 뜻을 완벽하게 행하는 것이 선행되어야 합니다.

우리는 어느 누구라도 실수하기 쉬운 자이어서 틀리는 경우도 있다는 사실을 인정해야 할 필요가 있습니다. 그러나 일반적으로 대다수의 사람들의 의견이 지배한다고 해도 대다수 사람들의 선택이 언제나 옳은 것은 아닙니다.

민수기 13장에서 약속의 땅을 정탐하기 위해 모세가 가데스바네아에 보낸 열두 명의 정탐꾼을 생각해 보십시오. 두 사람 만이 좋은 보고를 했고 다른 열명은 이렇게 말했습니다.

"우리는 능히 올라가서 그 백성을 치지 못하리라. 그들은 우리보다 강하니라(31절)"

만일 대다수의 사람들이 언제나 올바르다면 그

열명의 정탐꾼들이 옳았던 것으로 됩니다. 그들이 다수파였습니다. 그렇지만 그들이 옳았던 것은 아닙니다. 성공을 확신하고, 또 그렇게 말했던 사람은 두 사람 뿐이었습니다.

"우리가 곧 올라가서 그 땅을 취하자 능히 이기리라"(30절)

불행하게도 이스라엘 백성들은 그 열 사람 편에 섰으며, 그들은 40년 동안이나 광야를 방황하며 비참하고 하나님을 거역하는 삶을 살게 되었습니다. 왜냐하면 하나님의 마음을 가지고 있어서 옳았던 그 두 사람의 충고에 주의하지 않았기 때문이었습니다. 그렇지만 나는 여러분께 다시 한 번 상기시켜 드리고, 나 자신도 다시 들어야 할 것이 있습니다. "자기는 잘못될 리가 없다"라고 생각하지 말아 주십시오. 우리가 얼마나 영적인가에 관계없이 우리는 어느 누구라도 실수하고 틀릴 수 있습니다.

지금 제가 말씀 드리는 것은 실제로 자주 있는

일입니다. 나는 일상의 여러가지 문제를 다루고 있습니다. 그것은 우리 모두가 직면해야 하는 것이고, 우리를 영적으로 성장시켜 주는 시험입니다.

우리가 여기서 언급해 왔던 그런 사람들에게는 이러한 상황은 들어맞지 않을지도 모르겠습니다. 대부분의 사람들이 듣고 싶어하는 것은 놀라운 산꼭대기의 경험에 대해서입니다.

우리 모두가 좋아하는 메시지는 우리를 도우시고 우리를 강하게 해 주시는 성령님에 관한 메시지입니다. 그러나 기억해 주십시오. 베드로와 야곱과 요한이 눈 앞에서 모습이 변화된 예수님을 보고, 모세와 엘리야를 보았던 놀라운 산꼭대기의 경험을 한 후에 그들은 산을 내려가서 일상의 삶으로 돌아가지 않으면 안되었습니다.

우리는 이 세상에 속하지 않도록 경고를 받고 있지만 이 세상을 무시할 수는 없습니다. 우리는 여전히 이 세상에 존재하고 있습니다.

예수님께서 친히 기도하시는 중에 바로 그것을 말씀하셨습니다.

"내가 비옵는 것은 그들을 세상에서 데려가시기를 위함이 아니요 다만 악에 빠지지 않게 보전하시기를 위함이니이다"(요한복음 17:15)

우리가 이 세상의 일부분이 되어야 하는 것은 아니지만, 우리가 이 세상 속에 있지 않다는 것을 의미하는 것은 아닙니다. 우리는 이 세상에 존재하고 있습니다. 우리는 이 세상 안에 있으며 우리는 눈을 감아버린 채 세상을 무시할 수는 없습니다.

한 아버지가 어린 아들의 일로 나에게 질문했습니다. "네 살짜리 아들과 공기놀이를 하면서 노는 것은 좋지 않다고 생각합니까?

이것이 무슨 질문입니까. 이 아버지는 그리스도인이며, 하나님의 성도인데, 아마도 누군가가 그에게 손가락질하며 자기 아들과 공기놀이하고 노는 것을 비판했을 것입니다. 그러나 만일 그 비판한 사람이 "즐기는 것은 무엇이든 죄다"라는 식으로 이 아버지와 다른 성도들을 설복시킬 수 있었다면 그것은 사탄의 마음을 즐겁게 해 주는 것이 된다고 나는 그 순간 생각했습니다. 그렇게 느끼는 사람들도 있습니다. 나는 그의 질문에 이렇게 대답했습니다. "친애하는 하나님의 사람이여, 당신이 공기놀이로 사기나 협박을 하려는 생각이 없다면 귀여운 아들과 부디 공기놀이를 하면서 놀아주십시오. 만일 공기놀이로 속이려는 마음이 있다면 그 때만, 해가 없는 것처럼 보이는 그 놀이는 당신에게 죄가 됩니다."

아무리 죄가 되지 않는 것처럼 보이는 상황에서도 거기서 죄를 범하게 될 가능성은 언제나 있습니다. 그것이 무엇이든 당신은 그것으로 죄를 범하게 되는 경우도 있습니다. 우리는 영적인 삶을 살고 있을 뿐만아니라 육의 삶도 살고 있습니다. 좋아하고 좋아하지 않음에 관계없이 우리의 시간과 관심의 대부분은 몸에 관한 것에 의해 점유되고 있습니다.

승리로운 삶을 살아가는 사람들이 이 지상에서 가장 행복하고 가장 인간다운 사람들이라는 것은 나에게는 명백합니다. 그들은 주님의 기쁨으로 넘치고 있고 가장 함께 있고 싶은 사람들입니다. 하나님의 자녀들은 전세계에서 가장 행복한 사람들이어야 한다고 나는 분명히 믿고 있습니다.

또한 그리스도인이 우울한 얼굴을 하고 몹시 침체된 태도를 보여주는 것은 매우 모순된 것이라고 나는 믿고 있습니다. 미소를 지을 수 없는 사람, 주님의 기쁨을 소유하지 않고 있는 사람들과는 나는 함께 있고 싶지 않습니다.

우리는 하나님이 우리에게 주신 놀라운 세계에서 살고 있으며 그리스도인의 삶이란 놀라운 삶입니다. 우리의 환경이 어떠하든 우리는 여전히 미소를 지을 수 있습니다.

"여호와로 인하여 기뻐하는 것이 너희의 힘이니라" (느헤미야 8:10)

"항상 기뻐하라"(데살로니가전서 5:16)고 성경은 우리에게 명합니다. 그리고 이것은 지금의 것이어서, 우리가 이 지상에 있는 지금 시작해야 하는 것입니다. 언제나 우울한 모습으로 얼굴을 길게 늘어뜨리고 있는 사람들은 어떻게 천국에서 즐거워 할 수 있을는지 나는 알 수 없습니다.

천국에서 기뻐하고 즐거워하는 것은 사실입니다. 천국에는 웃음이 있을 것입니다. 그것은 천국에 있는 영원한 기쁨입니다.

하나님의 자녀가 되는데 우리는 죽을 때까지 기다릴 필요는 없습니다. 그렇습니다. 기다려야 할 필요가 없습니다.

"사랑하는 자들아 우리가 지금은 하나님의 자녀라"
(요한일서 3:2)

바로 지금입니다. 참으로 지금 이 순간입니다. 나는 육신의 몸이 아직 이 지상에 있습니다. 나는 이 세상에서 육체 가운데 있습니다. 그럴지라도 나는 지금 하나님의 자녀입니다. 내가 하나님의 자녀가 되는데, 혹은 행복해져서 기뻐하는데 천국에 갈 때까지 기다릴 필요는 없습니다. 주님의 기쁨은 참으로 지금 이 순간 나의 힘입니다.

그러므로 나는 여러분께 도전을 드립니다. 여러분이 그리스도 예수 안에서 상속하고 있는 것을 지금 즐기기 시작하십시오. 다른 때까지 기다릴 필요가 없습니다. 그분의 말씀대로 그분을 받아들이십시오.

제8장
하나님은 우리의 공급자

바로 앞 메시지의 마지막에 내가 도전했던 것을 받아들여 주시도록 나는 진심으로 원하며 또 기도 드립니다.

하나님의 소중한 자녀로서 여러분이 상속받은 것을 즐기기 시작하십시오. 그리고 지금 나는 하나님께서 예비해 주신 또 한 가지를 받아들이도록 권유합니다. 그것은 열왕기하, 마지막 장 마지막 절에 기록되어 있습니다.

"그가 쓸 것은 날마다 왕에게서 받은 양이 있어서 종신토록 끊이지 아니하였더라"(열왕기하 25:30)

나는 문자 그대로 이 약속에 의해 생활해 왔습니

다. 나는 수년동안 거듭 거듭 이 약속을 외쳐왔습니다. 날마다 받는 분량이 있고 일주일 간의 분량도 일개월 분의 분량도 아닙니다. 5년 간이나 또는 10년 간의 계약이 아닙니다.

우리가 살아있는 한 우리 삶의 날마다의 분량을 하나님께서 보증해 주십니다.

만일 당신이 재정적인 것을 염려하고 있다면, 만일 당신이 일정한 고정 수입이 없는 환경에 처해져 있거나, 당신의 배우자가 죽게 되어서 갑자기 당신이 생계를 꾸려 나가지 않으면 안되게 되었다면, 혹은 당신이 한 가족의 가장으로서 아이들의 어머니와 아버지의 양쪽 입장을 취하지 않으면 안되게 되어 있다면 기억해 주십시오. 당신은 혼자가 아닙니다.

당신의 천부께서는 당신의 문제와 필요를 모두 알고 계시며 당신의 지금부터의 삶을 위해 날마다의 분량을 약속해 주셨습니다. 당신은 실패 가운데 가라앉지 않습니다.

나의 하늘 아버지와 동일하신 천부께서 당신에게도 계신다면… 틀림없이 계시리라 생각합니다… 당신은 패배 가운데 가라 앉지 않습니다 나의 하늘 아버지는 당신의 하늘 아버지이기도 합니다. 오직 한 분 하나님이 계시고 당신은 하나님의 말씀을 믿거나, 믿지 않거나 둘 중 하나입니다.

여기에서 성경은 날마다의 분량은 왕으로부터 당신에게 주어진다고 말씀합니다. 왕이란 누구일까요? 우리의 하늘 아버지가 아닐까요? 만일 이것이 보증을 제공해주지 못한다면 보증이 무엇인지 나는 잘 알지 못하는 것으로 됩니다. 많은 사람들은 자신의 보증을 정부에 구하지만 매월 그것이 계속되는지 어떨는지는 어느 누구도 확실하게 알지 못합니다.

그것은 참된 보증이 아닙니다. 나는 정부보다도 뛰어난 보증을 여러분들에게 제공해 주실 수 있는 분을 소개해줄 수 있습니다.

미국 정부가 파산해 버릴 가능성이 있다는 것을 여러분은 알고 있습니까?

펜실베이니아 철도 회사가 파산하리라고 도대체 누가 생각했겠습니까? 나의 아버지가 펜실베이니아 철도가 파산했다는 사실을 알았다면 아버지는 무덤 안에서도 크게 놀랐을 것입니다. 철도는 파산하는 경우는 없다고 사람들이 알고 있던 시대가 있었습니다. 그러나 실제로 철도는 파산했습니다.

우리의 참된 보증은 그리스도 예수 안에 있습니다. 나는 확실한 보증이신 분 안에 있으며 보증이 주어져 있습니다. 그리고 여러분도 하나님의 자녀로서 참된 보증이신 분 안에 있으며 보증을 얻을 수 있습니다. 하나님은 결코 파산하는 경우가 없습니다. 결코, 결코, 결코 없습니다.

예수 그리스도의 교회는 어떤 교단이 아니고, 어떤 제도도 아니란 것을 기억해 둘 필요가 있습니다. 예수 그리스도께서 친히 교회의 머리입니다. 중심에 그리스도가 계시는, 눈에 보이지 않는 교회는 결코 파산하지 않습니다.

그분이 교회의 머리이시기 때문에 그분의 교회는 결코 패배하지 않습니다.

당신은 패배하여 가라앉을 필요는 결코 없다는 사실을 확신할 수 있습니다.

당신이 이 눈에 보이지 않는 몸의 일부라면, 영적인 부요함과 승리가 당신에게 보증되어 있습니다.

사랑하는 여러분, 그토록 그리스도를 신뢰하고 있다면 여러분은 언제라도 승리 가운데 살아갈 수 있습니다. 가령 단 일분도 가난과 실패로 번민할 필요가 없습니다. 왜냐하면 여러분이 일백세까지 산다고 할지라도 여러분의 왕이신 분은 여러분의 일생 날마다의 분량을 약속하시기 때문입니다.

당신의 일생은 결코 너무 길지 않으며 밤의 어둠이 너무 긴 것도 아닙니다.

당신은 무거운 짐으로 인해 짜부라드는 경우는 없습니다. 단지 당신 자신이 누구에게 속하였는지 기억하십시오. 당신은 순간 순간 살며, 하루 하루 살아가는 삶을 영위하고 있기 때문에 당신은 행복한 사람임을 발견하게 될 것입니다. 승리로운 그리스도인의 삶을 살아가는 사람들은 살아있는 모든 사람들 가운데서 가장 행복한 사람들이라고 생각합니다.

그들은 특별한 종류의 기쁨을 소유하고 있는데

그것은 억지로 강요되어 기뻐하는 것이 아니고 저절로 솟아나오는 기쁨입니다.

불행한 그리스도인들을 보게 되면 나는 슬퍼집니다. 왜냐하면 그들이 하나님의 최고의 축복을 놓치고 있으며 그들의 삶은 어딘가 잘못되어 있음을 내가 알기 때문입니다. 환경이 아무리 비참해도 그것은 관계가 없는 것입니다.

하나님은 여러분이 행복하도록 예비해 주셨습니다. 왜냐하면 하나님의 말씀은 주님의 기쁨에 대해서 자주 언급하고 있으며 앞에도 언급했던 약속의 말씀에는 깊은 의미가 있기 때문입니다.

"여호와로 인하여 기뻐하는 것이 너희의 힘이니라"
(느헤미야 8:10)

이러한 말씀들이 진실로 어떤 것을 의미하는지 나는 압니다. 주님께서 나에게 주시는 기쁨은 내가 주님을 섬기도록 힘을 주고, 내가 사람들을 도움으로서 받게 되는 기쁨은 나의 힘이 되는 것입니다. 이것은 인간이나 과학이 분석할 수 있는 것이 아니며 여러분이 호흡하고 있는 것처럼 실제적인 것입니다.

내가 사람들을 도움으로서 받고 있는 기쁨은 어느 누구도 결코 알 수 없을 것입니다. 그렇습니다. 어느 누구도 결코 알 수 없을 것입니다.

사람들이 선물을 받을 때의 기쁨과 즐거움보다 훨씬 큰 전율과 기쁨을 나는 주는 것으로 받고 있습니다. 나의 내면에서 나는 깊은 감사와 행복감을 느낍니다. 그것은 영광스러운 영역입니다. 그것은 영광스러운 삶입니다. 그것은 매우 도전해 보고 싶은 것이며 보상이 있는 것입니다.

하나님은 캐트린 쿨만 재단의 사람들에게 베트남 사람들의 필요에 응하여 섬길 수 있는 기회를 주셨습니다. 우리가 그들에게 줌으로서 받는 기쁨과 같은 정도로, 그들이 우리로부터 받는 것으로 인해 커다란 흥분을 받았는지 어떤지는 모르겠습니다. 이 봉사로 거기서 세워지고 있는 병원으로 인하여 나는 매우 흥분해 왔습니다.

병원의 침대, 시트, 베개보, 손발이 없는 사람들을 위한 휠체어 등을 우리가 준비했다는 것으로 어딘가에 근사한 집을 지었을 때의 전율 이상으로 커다란 전율감을 나는 개인적으로 경험을 했습니다. 환자들이 육체적으로 편안하게 지내고 있는 모습과 그들이 구세주의 사랑을 배우고 영적으로 축복 받고 있는 모습이 눈에 떠오릅니다. 우리가 파내려간 우물로부터 퍼올리워진 물이 많은 사람들에게 유익이 되어 있는 것을 떠올려 볼 수 있습니다. 또 어떤 사람들의 삶에서 아마도 처음으로 욕실을 사용할 수 있게 된 것도 머리에 떠오릅니다.

제가 말씀드리려는 것을 이해하시겠습니까? 만일 이해할 수 없다면, 바로 그것이 당신이 행복한 크리스챤이 아닌 이유 중 하나일지도 모릅니다. 당신이 그리스도인이라는 사실의 진정한 기쁨을 지금까지 한 번도 경험한 적이 없는 것은 아마 그것이 이유일 것입니다.

당신이 해야하는 것은 사랑입니다. 그것은 자발

적인 것입니다. 제가 언급하고 있는 종류의 생활을 강요받지 않으면 하지 않는다면, 당신은 그야말로 하나님의 일부분이 되고 하나님도 당신의 일부분이 된 그러한 경험을 지금까지 한 번도 경험한 적이 없습니다.

만일 당신이 강요받지 않고는 하지 않는다면 어딘가가 잘못되어 있는 것입니다. 당신은 예수님의 일부분이 아니고, 예수님이 당신의 일부분도 아닙니다. 당신의 활력이 문자 그대로 예수님으로부터 나오고, 예수님의 활력이 당신의 몸을 통하여 흐르는 한 장소가 존재합니다.

당신은 예수님의 인격을 입게 됩니다. 당신은 어쩔 수 없이 그렇게 됩니다.

당신은 예수님의 인격을 입고 주님의 기쁨이 당신의 힘이 됩니다. 그것은 피할 수 없습니다.

제9장 거룩

 이것은 우리의 주의를 거의 끌지 못하는 것입니다. 우리가 그 중요성을 깨닫고 있지 못해서인지, 그렇지 않으면 다른 이유 때문인지 나는 알 수 없습니다. 그러나 우리가 크게 관심을 가져야 할만큼 가치있는 주제인 것은 의심할 바 없습니다.

 그리스도인이 된지 오래되지 않은 한 어머니가 앉아서 성경을 찬찬히 보고 있었습니다. 그녀는 그날 많은 시간을 성경을 읽거나 성경에 대한 깊은 것을 탐구하면서 보냈습니다. 그녀는 매우 갈급해 하며 성령세례를 구하고 있으며 하나님으로부터 이 축복을 받기 위하여 하나님의 말씀으로부터 그 열쇠를 발견하려고 하고 있었습니다.

 그녀는 몇시간이나 말씀을 찾고 살펴보았습니

다. 실제로 몇시간이나 그렇게 하며 보냈기 때문에 여러가지 집안 일이 귀찮고 싫은 것이 되어버렸으며, 서둘러 빨리 끝내 버리던가, 혹은 많은 경우 전혀 하지 않게 되었습니다.

이전에는 평화롭고 가정적인 따뜻함이 있던 가정으로 가족들의 안식처였지만, 이젠 그게 없어져 버렸습니다.

어느 날 그녀가 연구에 매우 몰두해 있을 때, 그녀의 자그마한 딸 아이가 망가진 인형을 안고 아장아장 걸어서 그녀 곁으로 왔습니다. 그 딸 아이가 말했습니다. "엄마, 내 인형을 고쳐주세요. 부탁이에요."

그 어머니는 귀찮은 듯한 태도로 그 아이를 옆으로 밀어놓고는 이렇게 말했습니다. "네 인형에 마음 쓰는 것보다 엄마에게는 더 중요한 일이 있어. 저쪽에서 놀아라. 엄마는 성경공부로 바쁜걸 모르니? 그 아이는 슬픈 듯이 방향을 바꾸어 갔습니다. 그리고 그 어머니는 거룩함에 대해서 계속 조사했습니다. 그러나 그녀의 연구는 열매가 없었으므로 마침내 한숨과 함께 성경을 덮었습니다. 그리고 그녀는 그 자그마한 딸 아이를 찾았습니다. 그녀는 딸아이가 인형을 두 팔로 꼭 껴안고 잠들어 있는 것을 발견했습니다. 딸아이의 귀엽고 자그마한 얼굴은 눈물로 젖어 있었습니다.

바로 그 때, 그 곳에서 하나님은 그 어머니에게 말씀하셨습니다. 금새 그녀의 마음은 죄책감으로 가득해져서 그녀는 딸아이에게 부드럽게 몸을 숙여 입 맞추면서 사랑스럽게 어루만져 주었습니다. 어머니는 어린 딸을 두팔로 껴안고 하나님께 용서를 구하는 기도를 드렸습니다. 그녀는 어린 딸에게 말했습니다.

"내가 잘못했단다. 엄마가 너를 위해 인형을 고쳐줄게."

그 순간 "마땅히 해야 할 일에 나태할 때, 거룩은 동반되지 않는다"는 사실을 하나님은 그 어머니에게 명백하게 제시하셨습니다.

그 이후로 주님께 대한 그녀의 헌신의 모습은 그녀의 가족, 남편, 딸, 가사일 등을 등한시하지 않는 것에서 보여지게 되었습니다.

그리고 그 집은 다시 예전 가정의 모습을 되찾았고 성경말씀은 신선한 영광으로 빛을 발하게 되었습니다.

좋은 어머니가 되는 것에는 거룩함이 있습니다. 좋은 아내가 되는 것에도 거룩함이 있습니다. 거룩함은 또한 좋은 남편이 되는 것을 의미하기도 합니다.

만일 당신이 당신의 자녀들을 등한시하고 있거나 아들이나 딸, 남편이나 아내를 소홀히 하고 있다면 당신은 영적으로 깊은 사람이라고도, 거룩함 가운데 주님을 따르고 있다고도 말할 수 없습니다. 나는 실제적인 하나님의 말씀에 대해 언급하고 있습니다.

당신의 가족을 소홀히 하지 마십시오. 당신의 자녀들을 소홀히 하지 말아 주십시오. 당신은 그들에게 살아있는 모범입니다.

그들이 지금 현재 읽고 있는 유일한 성경은 바로 당신 자신일지도 모릅니다. 그들을 소홀히 하거나 등한시 할 때, 그들은 당신을 영적인 사람으로서 또

경건한 어머니로서 신뢰할 수 없게 될지도 모릅니다.

몇 년이 지난 후에 그들은 당신을 손가락질하며 적절하게 사실 그대로 이렇게 말할지도 모릅니다.

"당신은 종교적인 잡지나 책을 읽는데 너무나 바빠서 당신의 가족에게 그리스도를 나타내는 모범이 될만한 시간도, 성령으로 인도 받는 어머니인 것을 가족에게 보여줄 만한 시간도 없었습니다."

나는 한 명의 딸을 알고 있습니다. 그녀는 내 곁에 와서 이렇게 물었습니다.

"쿨만씨, 당신은 금식을 가르쳐야 합니까? 그리고 그것은 성경에 있습니까? 금식이 나의 가족들 간에 문제를 일으키고 있으며 나는 그것 때문에 분한 생각을 가지고 있습니다."

나는 대답해 주었습니다

"그렇습니다. 금식은 성경에 있는 가르침입니다. 그것은 하나님을 영화롭게 하는 것입니다. 그런데 당신은 왜 그렇게도 금식에 대해 분노하고 있습니까?"

나는 이 젊은 여성의 얼굴색이 변하리라고는 생

각하지 않았습니다. 그녀는 내가 말한 것으로 인해 실망하고 매우 당혹해 하고 있었습니다. 그녀는 분명히 금식은 좋지 못한 것이며 분노하고 증오해야 하는 것이라는 이유를 가지고 있었습니다. 그녀가 말하기 시작했을 때 마치 복수심을 가지고 있는 듯한 말투였습니다. 나는 그녀에게 더 물어보았습니다.

"당신은 왜 그렇게 금식을 미워합니까?"

그녀는 내 눈을 똑바로 쳐다보면서 이렇게 말했습니다.

"들어 주실 시간이 있으시다면 정확히 말씀드리겠습니다만…"

물론 시간은 있었기 때문에 그녀는 이야기를 계속했습니다.

"매주 금요일 어머니는 피츠버그 제일 장로교회에서 열리는 당신의 기적의 예배에 출석합니다. 그리고 매주 금요일은 어머니가 금식하는 날입니다. 금요일 아침이 되면 어머니는 가족 모두를 내키지 않는 마음으로 만들어 우리는 아침 식탁에 모이는 것도 싫어하게 될 정도입니다. 우리는 금요일이 싫습니다. 아버지도 금요일을 싫어합니다. 여동생도

남동생도 금요일이 되는 것을 싫어합니다. 우리가 아침식사를 위해 식탁에 앉으면 엄마는 귀찮은 듯한 얼굴 표정을 짓고 들어오기 때문입니다.

어머니는 아버지에게 커피를 따라줍니다. 우리에게는 계란이랑 토스트 그리고 시리얼을 만들어 줍니다. 하지만 어머니는 의무적으로 그렇게 합니다. 귀찮은 듯하고, 슬픈 얼굴을 한 채로 말입니다.

어머니는 아침식사를 하고 싶어서 견딜 수 없는데, "나는 금식하고 있단다." 하고 우리에게 알리려고 하는 것입니다. 하지만 금식하는 것이 어머니에게 성별(consecration)입니다. 그리고나서 어머니는 아버지에게 커피를 다시 한 잔 부어드립니다. 대개 금식에 대해서 조금 설교하면서 합니다.

쿨만씨, 우리 가족을 위해 당신의 가르침 가운데 금식을 빼놓을 수는 없겠습니까?

나는 이 젊은 여성에게 손을 얹으면서 말했습니다. "번치 자매님, 하나님의 말씀에 있는 것을 가르치지 않으면 안됩니다. 당신의 어머니가 금식의 기쁨을 발견하도록 되어야겠군요. 금식이 고역(drudgery)이 될 때, 그것은 의무와 형식과 의식에 지나지 않게 되고 본래의 목적을 잃어버립니다. 당신의 어머니는 금요일 아침, 식사 테이블에 앉아서 계란 한 개가 아니라 두 개를 먹는 편이 좋을 것입니다. 그녀에게 있어서 금식은 형식과 의식과 의무에 지나지 않기 때문입니다. 그녀가 희생을 치르어도 진정한 기쁨이 박탈되어 있으며, 그녀는 금식을 가족들에게 무거운 짐으로 만들어버렸습니다. 가족이 한 평생 경멸하게 될 어떤 것으로 만들어 놓았습니다."

사랑을 담은 경고로서 이것을 숙고해 주십시오. 만일 당신의 가족이 가정을 휴식처로 생각하지 않게 된다면, 당신이 자신의 생활을 살펴보고 자신의 마음을 살펴보아야 할 때입니다. 영적인 것을 이해할 수 있는 하나님의 자녀들을 향해서 나는 말씀드립니다. 언제나 기억하십시오. 어떤 사람의 가정은 그 사람의 성(castle)이어야 합니다. 또 가정이 있는 사람은 누구라도 행복해야 하고 집에 돌아가는 것을 기꺼이 원하고 아내와 자녀들과 함께 밤을 보내는 것을 원해야 합니다. 평화와 따뜻함과 사랑의 분위기를 만들어 내고 남편과 자녀들이 서둘러 집으로 돌아오고 싶다고 생각하게 하는 그 특별한 가정다움을 가져오는 것은 아내의 의무입니다.

만일 당신의 자녀가 자신의 집에 있기보다 이웃집에 있고 싶어한다면 가정생활의 분위기의 어딘가가 잘못되어 있고 기도의 제목으로 삼는 편이 현명할 것입니다.

내가 어렸을 때에 나는 이웃집 사람이 만든 구운 쿠키보다 어머니가 만든 쿠키가 더 좋았습니다. 하지만 어머니가 만든 쿠키가 그렇게 맛있었던 것은 아니었지만 어머니가 아침식사로 아버지에게 준비해 드린 토스트가 너무 타버려서 어머니가 사과하던 것이 지금도 들려오는 것만 같습니다. 그러면 아버지는 이렇게 말합니다.

"괜찮아요. 엠마, 다른 곳에서 먹는 것보다 당신이 태운 토스트를 먹고 싶어요."

우리가 벨레(Belle) 이모님 댁을 방문했던 것을 기억하고 있습니다. 벨레 이모는 어머니의 동생이었는데 자랑을 일삼는 사람이라고 말해도 될 것 같습니다. 우리가 벨레 이모의 집에 가서 식사를 했을 때, 식탁에는 맛있는 것들이 많이 있었습니다. 그녀는 몇가지 종류나 되는 고기를 내 주었습니다. 디저트로 나온 케이크와 파이는 더 이상 먹을 수 없을 정도였습니다.

그녀는 언제나 그 외에도 뭔가를 만들었습니다.

그렇지만 여러분들에게 말씀드리고 싶은 것이 있습니다. 우리가 벨레 이모의 집에 갔던 다음날, 저녁식탁에서 아버지가 어머니쪽을 향해 말합니다. "엠마, 벨레 가정에서 식사하는 것보다 언제라도 우리 집에서 식사하는 것이 좋아요." 그것은 엄마의 요리가 특별히 뛰어났기 때문이 아닙니다. 솔직히 말해 엄마의 요리가 뛰어났던 것은 아니었습니다. 엄마는 요리를 좋아하지 않았습니다. 엄마는 부엌에 그다지 있지 않았습니다. 엄마가 현관에 앉아 있던 것을 생각해 봅니다. 저녁식사 시간이 가까워 오면 갑자기 아버지가 걸어서 돌아오는 것이 보입니다. 어머니는 내 쪽을 돌아보며 말합니다.

"서둘러, 서둘러, 서둘러야 해 캐트린! 식탁에

식탁보를 깔아놓고 커피 포트를 스토브 위에 올려 두렴. 아빠가 오고 있어."

식탁에 하얀 식탁보가 깔려 있고 스토브 위에 커피 포트가 올려져 있는 것을 아빠가 보고 있는 한, 엄마가 그 날 저녁식사를 준비하기 위해 하루종일 일했다는 것 밖에 아빠는 알지 못합니다.

행복한 가정이란 식탁 위에 음식이 놓여져 있다는 것 뿐만 아니라 그것보다 훨씬 더 깊은 것입니다. 엄마는 훌륭한 가정을 만들었습니다. 거기에는 사랑의 분위기가 있으며 우리는 이 세상 어딘가 다른 장소에 있는 것보다도 우리 집 식탁에 앉아 있고 싶어하곤 했습니다. 아빠는 아침식사에 엄마가 구운 토스트를 먹고 싶어하고 나는 이웃집 사람이 만든 쿠키나 벨레 이모 댁의 음식보다도 엄마가 만든 쿠키를 먹고 싶어했습니다.

하나님은 우리에게 음식물을 필요로 하는 육체적 몸을 주셨습니다. 우리가 일하는 것은 인류에 대한 하나님의 위대한 계획 가운데 일부이기도 합니다. 하나님은 우리가 일하지 않고 행복해지는 것을 결코 기대하지 않으셨습니다. 하나님은 인간이 일할 때 가장 행복해지도록 계획해 놓으셨습니다. 일하는 것은 조금도 불명예스런 것이 아닙니다. 그것은 건전한 인간생활을 위한 하나님의 계획 가운데 일부입니다

주 예수님은 아이들이 놀고 있는 것을 보셨으며, 어부나 농부들이 일하고 있는 것을 보셨다고 성경에 기록되어 있습니다.

예수님께서 친히 일하셨지만 그래도 그분은 시간을 내어 가나의 혼인잔치에 참석하셨습니다. 예수님께서 여러분과 저에게 바라시는 것은 인생의 모든 관심사와 우리 친구들의 관심사에 진정한 관심을 가지는 것입니다. 그 분은 우리에게 기뻐하고 즐거워 하는 능력을 주셨습니다. 그리고 우리가 삶에 있는 그분의 선물을 즐거워하는 것을 보시길 희망하고 계십니다.

사랑하는 여러분, 우리가 무엇을 할지라도 우리가 하는 것 안에 기쁨이 없어서는 안됩니다.

하나님은 우리가 일하도록 창조하셨습니다. 하나님은 우리가 먹도록 창조하셨습니다. 하나님은 우리가 운동하도록 창조하셨습니다. 하나님은 또한 우리가 안식하도록 창조하셨습니다.

하나님은 우리가 식사하는 것을 즐기길 원하십니다. 하나님은 우리가 자기의 일을 즐거워하길 원하십니다. 하나님은 우리가 레크레이션을 즐기길 원하고 계십니다. 그분은 놀라운 자연계를 만드셨습니다.

"모든 밝고 아름다운 것
모든 큰 동물들과 작은 동물들
모든 지혜로운 것들과 놀라운 것들
주님께서 그들 모두를 창조하셨다."

하나님이 만물을 창조하신 것은 자신의 영광을 위해서임과 동시에 우리의 기쁨을 위해서이기도 합니다. 하나님은 자기 자녀들이 그들의 입는 것과 그들의 예절(manners) 등에 대해서도 주의하길 기대하고 계십니다. 확실히 하나님은 우리가 매력적인 그리스도인이 되는 것을 열망하십니다.

　엄마가 나를 위해 멋지고 예쁜 드레스를 만들기 위해 얼마나 열심히 일하셨는지를 나는 기억하고 있습니다. 아빠가 침대에서 잠든 후에도 엄마는 밤늦게까지 뜨개질을 하였습니다. 왜 그렇게도 열심이었을까요? 어머니는 나를 기뻐하셨기 때문입니다. 나는 엄마의 자녀였습니다. 엄마는 내가 멋져 보이기를 원하셨습니다. 엄마는 나를 자랑스럽게 여기셨습니다.

　그리고 하늘 아버지께서도 여러분과 저를 자랑스럽게 여기셨으며 하늘 아버지께서도 여러분과 저를 자랑스럽게 여기셔서 "이 아이가 나의 딸입니다, 이 아이가 나의 아들입니다"라고 말할 수 있을 정도로까지 우리가 옷을 입거나 행동하거나 하는 것을 원하고 계신다고 나는 견고하게 믿고 있습니다.

　하나님은 여러분과 저를 위해서도 그것을 원하고 계십니다.

제 10 장
단순한 종교

 최근에 23세의 젊은 여성이 뉴욕에서 피츠버그까지 비행기로 날아왔습니다.
 제일 장로교회에서 매주 금요일에 열리는 기적의 집회에 참석하기 위해서 온 것이었습니다.
 그녀의 가족과 친척들은 모두 남부의 어떤 도시에 살고 있습니다.
 그 가족은 매우 경건하고 몇 세대에 걸쳐서 모두 같은 교회에 소속해 왔습니다.
 갓 태어난 아기가 첫 울음소리를 내기도 전부터 그 아이가 태어나면 교회에 데려가며 성장하면 그 교회의 주일학교에 가게 된다고 사람들은 모두 미리 알고 있었습니다
 그리고 그 아이가 교회원(church member)이

될 연령에 달하면 그 교회의 회원이 되고 더 햇수를 넘기면 그 교회의 성가대에서 노래 부르게 되어 있었습니다. 재직이 되는 것이었습니다. 몇 세대를 걸쳐오면서 그랬습니다. 그러나 돌연히 매우 총명한 대학생인 이 소녀가 그 틀을 깨트리고 도전적이 되었습니다. 그녀는 가족 중에서 교회에 등을 진 첫 번째 사람이었습니다. 그녀가 피츠버그에 도착했을 때 나는 그녀가 매우 반항적임을 발견했습니다. 그렇지만 나에 대해서는 매우 솔직하고 정직했습니다.

그녀가 나에게 맨 처음 했던 말 중 한 가지는 이러했습니다. "쿨만씨, 나는 종교에 반항합니다. 나는 그것이 역겹고 지긋지긋합니다."

그녀가 계속해서 어떤 말을 하기 전에 나는 그녀를 똑바로 보면서 말했습니다. "당신과 내가 똑같이 느끼고 있는 것이 이상하지 않습니까?"

그녀는 전혀 믿을 수 없다는 표정을 얼굴에 나타내 보이며 나를 바라보았습니다. 나는 그녀의 방어적인 자세를 완전히 허물어뜨려 놓았으므로 그녀는 어떤 말도 할 수 없었습니다. 그녀는 단지 입을 벌린 채 나를 바라보고 있을 뿐이었습니다. 이야기를 금방 시작했는데도 그녀는 한 마디도 할 수가 없었던 것입니다.

"내 말을 정확하게 들어주셨군요" 하고 나는 말하고, 계속해서 이렇게 말했습니다. "내가 종교적이 되지 않으면 안된다고 한다면, 내가 지금 하고 있는 것은 하지 않을 것입니다. 나는 쉽사리 종교적으로 될 수 있도록 만들어지지 않았으니까요. 어린 시절에도 나는 미주리 주 콘코디아에서 가장 장난꾸러기였습니다. 죠 쿨만의 딸은 예측할 수가 없었습니다. 태어나면서부터 종교적인 사람도 있다고 나는 생각합니다. 그러한 사람들은 천성적으로 선량해 보입니다. 나의 첫째 언니인 머틀(Myrtle)에 대한 이야기입니다만 그녀는 태어나서 처음 호흡이 시작됐을 때부터 종교적인 사람이었습니다. 그녀가 선한 것은 당연했습니다.

나의 아버지와 어머니에게서 어떻게 나같은 딸이 태어나게 되었는지 알 수 없지만, 그 두 분도 생각지 못했던 것임을 하나님은 알고 계셨습니다. 나는 그렇게 되지 않으면 안된다고 해도 종교적인 사람으로는 될 수 없을 것입니다. 나 역시 종교가 역겹습니다."

이 젊은 여성은 너무나도 충격을 받았고 여전히 한 마디도 하지 않았습니다. 그러나 나는 계속했습니다. "중요한 사실을 알고 싶습니까? 나는 예수님께 미쳐있습니다. 나는 예수님을 매우 사랑합니다. 나는 온 세상에 있는 어떤 것 보다도 예수님을 더 사랑합니다. 제가 이렇게 말하는 것은 아시다시피 나의 전 생애는 종교를 중심으로 돌고 있는 것이 아니고, 나의 전 생애는 한 분을 중심으로 돌고 있기 때문입니다. 그분은 바로 예수 그리스도, 살아계신 하나님의 아들입니다. 나는 예수님과 사랑에 빠져있다고 고백해도 좋을지 모르겠습니다."

그녀는 입을 다물지 못한 채, 그곳에 서 있었기 때문에 나는 계속 말했습니다. 전에 그녀에게 그렇게 말했던 사람은 아무도 없었습니다. 나는 말했습니다. "아시다시피 만일 이것이 사람을 종교적으로 만들 뿐이라면 내가 하고 있는 일은 불가능할 것입니다. 나는 한 분 때문에 지금 하고 있는 일을 하며 지금 하는 일을 열심히 하고 있습니다. 그리고 모든 것은 인격(a Person) 즉 성부 하나님, 성자 예수 그리스도, 성령님을 중심으로 운행하고 있다고 나는 믿습니다. 그것은 냉랭한 것이 아니며 또한 어떤 제도나 조직도 아닙니다. 그것은 종교도 아닙니다. 그것은 인격적인 것입니다. 그것은 나의 인생에서 가장 중요한 것입니다. 또한 그것은 살아있는 것입니다. 그것은 나에게 삶의 목적을 부여해 주며 행동해야 할 목적을 부여해 주는 것입니다. 그것은 인생의 진정한 의미를 주는 것입니다. 내가 살고 있는 것은 하나의 생명이지, 단순한 종교가 아닙니다"

마침내 그녀는 자신의 목소리를 회복하였고 우리는 꽤 오랜 시간을 함께 이야기했습니다. 그녀는 돌아가기 전에 이렇게 말했습니다. "전체적인 것을 알았습니다. 저를 위해 지금 기도해 주십시오. 쿨만 여사님, 내 삶에 대한 하나님의 최선을 제가 놓쳐버리지 않도록 기도해 주십시오."

당신도 알겠지만 하나님의 종교는 지금까지 사

람을 비참하게 한 적은 없습니다. 그것을 깊이 생각하십시오. 당신이 지금까지 오랜 세월동안 경험해 온 것은 모두 단지 종교에 지나지 않는 것 일 수도 있습니다.

지상에서 경험해 온 것이 모두 종교에 지나지 않고 자신을 비참하게 하고만 있는 사람들이 셀 수 없이 많습니다. 그들은 종교적인 사람이 되어서 두려워 하는 가운데 시간을 보내고 있을 뿐입니다.

매주 일요일 교회는 종교적인 사람들로 가득 찹니다. 강단에 서는 사람들조차도 많든 적든 자신의 종교를 가지는 것 외에는 아무것도 없는 경우가 많이 있습니다. 그들에게 성경은 결코 살아있는 것이 되지 못합니다. 지금까지 예수 그리스도가 그들에게 진정으로 살아있는 인격적 존재가 된 적이 없습니다. 하나님 아버지는 지금도 여전히 매우 신비적인 하나님이어서 멀리 떨어져 계신 분으로 어디에 계시는지를 알지 못합니다. 그것은 그 사람의 기도 가운데서 알게 되는 경우가 있습니다. 그 사람은 자기가 누구에게 기도하고 있는지는 전혀 확신이 없습니다. 인격적인 존재에게 기도하는지 어떤지 혹

은 누군가가 자기의 기도를 들어주고 있는지 어떤
지도 전혀 확신이 없습니다.

　그러므로 성령 또는 성령의 권능이 결코 그 사람
에게 실제적인 것이 된 적이 없습니다. 성경은 단지
종교적이기만 한 사람에게 직접 와 주시는 것은 결
단코 불가능합니다. 종교와 성부 하나님의 인격, 성
자 예수 그리스도의 인격, 성령의 인격과는 전혀 다
른 것이기 때문입니다.

　당신은 어디에 서 있는지 제가 물어보아도 괜찮
겠습니까? 당신은 단순히 종교적인 사람입니까?
만일 그렇다면, 당신만 혼자 그런 것이 아닙니다.
정확히 당신과 같은 사람들이 수천 수만명이나 있
습니다. 그러나 주의하십시오. 만일 당신의 인생이
한 분의 인격을 중심으로 진행되고 있다면 당신은
종교 이상의 어떤 것을 가지고 있습니다. 당신은 삶
의 목적을 가지고 있습니다.

　성경과 하나님의 말씀은 당신에게 실제적인 것
입니다. 당신에게는 기쁨이 있으며 마음의 평안이
있습니다. 그리고 하나님 종교는 지금까지 누구를

비참하게 한 적이 없습니다. 주 예수 그리스도도 비참함을 기뻐하시지 않습니다.

놀랍게도 얼마나 많은 사람들이 자기 자신의 신학, 자기 자신의 교리를 가지고 있는지요. 거기에는 하나님은 비참함을 기뻐하시고, 사람들을 비참하게 하는 것을 기뻐하신다는 것도 포함되어 있습니다. 구주께서 친히 이렇게 말씀하시지 않으셨습니까?

"내가 이것을 너희에게 이름은 내 기쁨이 너희 안에 있어 너희 기쁨이 충만하게 하려 함이라"(요한복음 15:11)

차가운 종교는 기쁨을 주지 않습니다.
자, 기억해 주십시오. 두 세계를 최대한으로 살아가는 올바른 방법이 하나 있습니다. 그 외 다른 어떤 방법도 없습니다. 만일 당신의 인생이 예수님이라는 인격을 중심으로 전개되고 있으며, 그것이 단순한 영향력으로서가 아니고 뛰어난 모범자로서도 아니며, 당신의 죄를 용서해 주신 하나님의 아들이신 예수님이라는 인격을 당신의 마음속에서 나오는 외침을 들어주시는 분이며, 그분을 중심으로 하고 있다면, 그것은 단지 차가운 종교는 아닙니다.

언제나 살아계셔서, 당신을 위하여 중보하시는 분이 계시다는 것을 확신할 때, 어떻게 승리 이외의 것을 알 수 있겠습니까? 그분은 위대한 대제사장이시며 한 인격으로서 당신에게 관심을 가지고 계신 분이십니다.

단순한 종교는 위대한 대제사장 변호해 주시는 분, 떠나가시기 전에 자신의 이름을 사용하도록 남겨주신 분을 당신에게 주시지 않습니다. 예수님은 이렇게 말씀하셨습니다. "자 나의 이름을 사용하도록 너희들에게 주겠다. 너희들이 거룩하신 아버지 앞에 나아올 때, 나의 이름을 제시하여라. 절대적으로 완전하신 분의 보좌 앞에 나의 이름을 놓고 오너라. 그분은 절대적으로 거룩하신 분이며, 너희들이 구하는 것을 들어주실 것이다"(요한복음 14:13~14, 15:16, 16:23,26~27)

종교는 당신을 위해 그렇게 해주지 않습니다. 종

교는 차가운 것입니다. 종교에는 진정한 능력이 전혀 없습니다.

　당신이 시험에 직면할 때, 종교는 그것을 감당하지 못합니다. 당신이 낙심에 직면할 때 종교는 그것을 극복하지 못합니다. 당신이 죽음과 영원에 직면할 때, 종교는 그것에 대한 답을 줄 수 없습니다. 단지 종교에 지나지 않는 것을 의지해서는 안됩니다. 만일 그렇게 한다면, 결코 시험을 극복하지 못할 것입니다. 하늘 아버지는 한 분의 인격 존재이시며, 예수 그리스도도 한 분의 인격적 존재이시며, 성령님도 역시 한 분의 인격적 존재입니다. 진정한 기독교는 종교가 아닙니다. 그것은 삼위일체의 인격, 즉 성부 성자 성령과의 관계입니다.

제 11 장
감정

　이 감정이 어떤 것인지 살펴보는데, 적절한 순서를 강조하겠습니다. 먼저 사실(fact)입니다. 두 번째는 믿음입니다. 그리고 감정이 세 번째입니다. 이 세 가지는 언제나 이러한 순서여야 합니다. 우리 인류는 어느 누구에게도 감정이 있습니다. 그렇지만 당신의 인생이 감정만으로 지배받지 않도록, 나는 주의를 드립니다.

　너무나 많은 사람들이 감정을 의지하며, 또 감정만을 의지합니다. 거듭남의 기쁨과 전율을 경험한 사람들은 그야말로 수 백만명이나 됩니다. 그들은 하나님 자신의 실제이듯이, 예수 그리스도의 인격이 실제이듯이 자기들의 경험이 실제의 것임을 알고 있습니다.

그러나 사람의 감정이나 기쁨, 구원의 감격 같은 것은 사실과는 전혀 관계가 없다는 것을 여러분에게 상기 시켜드리고 싶습니다. 당신은 사실에 의해서 구원받았으며, 하나님의 말씀의 약속에 의해 구원 받았으며, 예수님이 십자가에서 당신을 위해 지불하신 대가로 인해서 구원받았습니다.

당신은 그 약속을 받아들이며, 예수님께서 당신을 위해 행하신 것을 믿음으로, 오직 믿음으로만 받아들이는 것입니다.

사실 우리는 죄 가운데서 태어났습니다. 그래서 예수님께서 오셔서, 십자가 위에서 희생하셨습니다. 그분은 친히 죽으심으로 값을 완전히 지불하셨고, 우리는 그것을 자기 자신을 위한 것으로 손을 펴서 받아들이면 되는 것입니다. 예수님이 모든 것을 속량하시고 값을 지불해 주셨습니다. 우리가 해야할 것은 예수님이 우리를 위해 이미 속량하시고 값을 지불해 주신 것을 손을 피고 내밀어 개인적으로 받아들이는 것 뿐입니다. 그리스도를 영접하는 결단이 행하여 질 때, 언제나 감정이 동반되는 것은 아닙니다. 많은 경우에 동반되기는 하지만 항상 동반되는 것은 아닙니다. 나는 지금까지 구원에 초청에 거듭 거듭 반응하는 사람들을 보아왔습니다. 나는 그들에게 질문했습니다. "전에도 나오시지 않았습니까? 왜 또 나오셨나요?" 내가 반드시 듣게 되는 대답은 이렇습니다. "예, 나는 구원받았다는 느낌이 들지 않습니다. 나의 죄가 용서 받았다는 느낌이 들지 않는 걸요."

감정은 전혀 관계가 없습니다. 당신은 사실에 근거하여 구원받았고, 예수님이 당신을 위해 행하시는 것을 믿음으로 받아들이는 순간 그것은 행해지는 것입니다.
하나님의 말씀은 요한1서 1장 9절에서 명백히 밝히고 있습니다.

"만일 우리가 우리 죄를 자백하면 그는 미쁘시고 의로우사 우리 죄를 사하시며 우리를 모든 불의에서 깨끗하게 하실 것이요"

당신이 고백하는 바로 그 순간 어떤 감정이 동반

되든 동반되지 않든, 그것은 행하여 집니다.

　아침에 일어나서 기분이 좋지 않아지거나, 밤에 숙면을 취하지 못하면 "하나님은 나에게 등을 돌리셨다. 성경은 진실이 아니야"라고 생각해버리는 사람들이 있다는 것을 우리는 누구라도 알고 있습니다. 그들이 가지고 있던 영적인 모든 것이 잠자고 있던 동안에 모두 새어나가, 없어져 버린 것입니다. 그들 바람이 빠져버린 풍선처럼 하루종일 울적해 있으며, 무엇을 하더라도 잘 되지 않고, 하나님께 대해서도 그렇습니다. 왜 그럴까요? 왜냐하면 그들은 자기의 상태가 좋을 때이든 나쁠 때이든 자기생활의 모든 것을 자신의 감정에 의지하고 있기 때문입니다. 그들이 "상태가 좋지 않다"고 느낄 때 "그들은 자기의 가족을 위해, 자기의 이웃에 사는 사람들을 위해, 자기가 접촉하는 모든 사람들을 위해, 삶을 비참하게 합니다. 그렇지만 만일 자기의 감정이 좋으면 그들은 승리를 가집니다. 무엇이든지 자기가 어떻게 느끼느냐에 달려있습니다.

　　당신은 사실(fact)에 의해 구원받았지만, 감정

은 그 결과로서 오는 것입니다. 당신이 사망에서 생명으로 옮겨졌다는 것을 알았을 때 당신은 절정의 환희와 기쁨을 경험하게 됩니다. 그것은 하나님이 이제는 당신의 하늘 아버지가 되셨다는 것을 알 때 당신의 죄가 사해지고 심판대에서 하나님 앞에 서서 당신이 거듭나던 순간에 모두 용서 받은 자신의 죄에 대해 해명할 필요가 없어졌다는 것을 알 때입니다.

만일 그것으로 당신이 자신은 행복하다고 생각하지 않고 참된 기쁨이나 환희를 경험하지 못한다면 무엇을 할지라도 동일합니다.

하나님은 우리가 하나님을 신뢰하길 원하십니다. 하나님은 우리가 하나님의 말씀을 신뢰하고 감정을 의지하지 않기를 원하고 계십니다.

우리가 자신의 승리를 시험해 보는 위험이나, 하나님의 임재는 어떻게 느껴지는 것이다 라든가 어떻게 분명해 지는 것이다 라고 하는 자신의 선입관으로, 하나님의 내주하심(Indwelling)을 시험해 보는 위험성으로부터 하나님은 우리를 건져주실 것입니다.

　승리나 축복을 생각하는 것보다 승리나 축복을 주시는 분을 더욱 많이 생각하십시오. 나는 스펄전이 했던 말을 생각하고도 미소 짓습니다. 나는 매우 자주 그가 한 말을 생각합니다. 여기에 기록할 만한 가치가 있는 말입니다.
　그의 말에는 지혜가 있습니다.
　"내가 예수님께 눈을 향하면, 평화의 비둘기가 내 마음 속에 날아 들어왔습니다. 내가 평화의 비둘기에 눈을 향하면 그것은 날아가 버렸습니다."

　당신의 초점을 예수님께 두십시오. 당신이 예수님께 눈을 향하면 그분은 당신에게 놀라운 평화, 그분의 평화의 비둘기를 주십니다.
　자, 믿음이란 당신이 주머니 안에 넣어서 가지고 다니며 손을 넣어 꺼내, 그것을 잘 보고 그리고 또 주머니 안으로 되돌려 놓을 수 있는 것이 아닙니다.
　당신의 구원도 그것을 작은 가방 안에 넣어 두고 그것을 열고 꺼내 그것을 잘 보고 또 다시 가방 안으로 다시 넣어 둘 수 있는 것이 아닙니다.

그런 것이 아닙니다. 구원이란 생명입니다. 죄에 대한 승리는 생명입니다.

그러므로 당신의 승리를 조사하거나 테스트하지 말고 오직 하나님을 단순하게 언제나 신뢰하십시오. 그것은 하루 하루 매 시간 시간, 매 순간 순간 하나님 안에 있는 생활이며 하나님은 실패하실 수 없으시며 또한 실패하지 않는다는 사실을 알아두십시오.

절정의 기쁨이나 전율(thrill) 같은 것이 동반되지 않고, 단순한 믿음으로 승리로운 삶으로 들어가는 편이 정말 더 좋은 것이라고 때때로 생각합니다. 하지만 언제나 그런 것은 아닙니다. 여러분은 틀림없이 다른 사람들이 거듭남의 체험을 했을 때 감정이 동반되었다고 말하는 것을 들은 적이 있을 것입니다. 내 경우도 그랬습니다. 나는 어느 일요일 아침을 결코 잊을 수가 없습니다.

그것은 내가 14세의 소녀를 미주리 주 콘코디아에 있는 조그마한 감리교회 안에서 예수님과 처음으로 만났던 때입니다. 나는 그 경험을 의심한 적이 한번도 없었으며 내가 경험했던 그 전율을 잊지도 않을 것입니다.

내가 그 때까지 체험한 적이 없었던 특별한 감정, 환희(ecstasy)가 있었습니다. 그리고 내가 그 교회를 나와서 집으로 향했을 때, 내가 지나쳐 가던 어떤 집이라도 금방 페인트를 칠한 집처럼 느꼈던 것입니다. 실제로 페인트를 금방 칠한 것이 아니었습니다. 내가 그날 아침 교회에 가다가 지나쳤을 때와 마찬가지로 페인트를 칠해야 할 필요가 있는 상태 그대로였습니다. 하지만 그런 집들이 나에게는 페인트를 금방 칠한 것처럼 보였습니다. 나는 발이 지면에 닿지 않는 것 같은 기분이었습니다. 만일 내가 그 이상의 것을 기대하지 않고 일생동안 그 한번의 경험인 환희에만 의지했다면 나는 침몰해 버리고 말았을 것입니다. 솔직히 말씀드리면 내게는 그때 이래로 어두운 암흑의 밤이 시작되었던 것입니다. 매우 깊고 험한 파도가 밀려 왔습니다. 내가 오직 믿음으로만 예수님의 임재를 받아들이지 않으면 안될 날들이 왔습니다. 그렇습니다. 당신은 내가 말하는 것을 정확히 알고 있을지도 모르겠습니다.

언제나 환희의 감정만 있었던 것은 아닙니다. 전율과 환희가 없다고 해서 예수님께서 당신을 떠나 버리시고 당신이 혼자되었다는 것이 아님을 기억해 두십시오. 하나님은 우리가 단순히 감정에만 의지하지 않고 하나님을 신뢰하고 하나님의 말씀을 신뢰하게 되기를 원하시는 것입니다. 여기에 덧붙이고 싶은 것이 있습니다. 왜냐하면 매우 중요한 것이기 때문입니다. 언제나 사탄에 대한 말만 하는 것을 습관으로 해서는 안됩니다. 만나자마자 금새 사탄에 대해 말하기 시작하는 사람들에 의하여 나는 매우 역겨운 기분이 되고 지치고 침체되어 버리는 것입니다. 사탄이 이렇게 했다라던가 저렇게 했다는 식으로 말합니다. 그들의 남편에게 그런 행동을 하게 하고 그들의 가정에 질병을 가져오게 하고 사랑해야 할 사람들에 악한 감정을 유발시키는 것은 사탄이라고 그들은 확신합니다. 나는 어느 누구보다도 사탄과 사탄의 능력이 실제적으로 존재하는 것을 믿고 있습니다. 그는 실제로 존재합니다. 그의 능력도 실제로 존재합니다. 그렇지만 사탄에 대하여 말하는 대신에 예수님에 대해 말하십시오. 사탄에 대해 계속 말하면 의기소침케 하는 영(spirit of depression)이 당신 자신의 삶 위에 내려올 것입니다. 그것은 당신의 가정에도 침투해가고 당신의 가정에 들어오는 사람은 누구라도 의기소침케 하는 영을 감지하게 될 것입니다. 그 영을 자기의 집안으로 끌여들어 온 것에 대해서는 당신에게 책임이 있습니다. 왜냐하면 마음과 생각을 사탄이 지배하고 결국에는 당신을 지배해 버리도록 당신이 허용했기 때문입니다.

그 대신 당신의 눈을 예수님께 계속해서 고정시키십시오. 당신의 생각을 예수님께 계속해서 고정시키십시오. 언제나 단순히 그리스도를 계속 신뢰하십시오. 그분은 실패하시는 것이 없습니다. 만약 우리가 선택할 수 있다면 환희와 전율을 동반하지 않고 그리스도께로 단순한 믿음으로 승리로운 생활 안에 들어가는 편이 훨씬 좋을 것입니다. 이렇게 말하는 것은 그 흥분이 가라 앉아가고 평범한 일상 생활로 돌아오게 되면 승리는 흥분과 함께 소멸되어 버린다고 생각할 유혹에 빠지게 되기 때문입니다.

무엇을 하더라도 감정을 신뢰해서는 안됩니다. 사실을 맨 처음에 두고 그리고 나서 믿음, 그리고 세 번째로 감정을 두도록 주의해 주십시오. 이 순서를 따라 주십시오. 그렇게 하면 결코 패배한 그리스도인의 삶을 사는 일은 없습니다.

제 12 장
당신의 눈을 예수님께 고정하십시오

앞장에서 우리는 "감정"에 대해서 이야기하고, 그것이 당신의 승리로운 생활에 어떻게 영향이 미치는지를 이야기 했습니다. 그렇지만 여기서 또 하나의 다른 문제를 다루어야 합니다.

왜냐하면 당신은 하나님께 굴복하는(surrender) 생활에 들어갔기 때문입니다. 다른 사람들이 당신의 승리를 보아주지 않아도 놀라지 말아 주십시오.

어느 유태인 여성이 귀중한 간증을 해 주었던 것을 기억하고 있습니다. 그녀는 이렇게 고백했습니다. "내가 피츠버그 카네기 홀에서 그리스도를 나의 구주로서 발견했을 때 그것은 매우 놀라운 경험이었기 때문에, 곧 남편과 나의 가족 모두가 나를 따라서 내가 했던 것과 동일한 경험을 하게 될 거라고 생각하고 있었습니다.

하지만 그들이 나를 물끄러미 바라보았을 때, 나는 더할나위 없이 놀라고 말았습니다. 그들은 내가 말하는 것을 믿을 수 없었던 것이었습니다. 그들은 내가 정신이 이상하게 되었다고 생각했습니다. 나는 가족들의 마음을 완고하게 해서 신경질적으로 될 수도 있다는 것을 알고 있었으므로, 사랑으로 조리있게 설명해 주었습니다.

그렇지만 나의 친구 여러분, 내가 그들에게 예수님과의 경험을 이야기하면, 나는 그들은 알아주리라고 생각하고 있었습니다.

틀림없이 그들은 곧장 집회에 출석하여 지금 내가 소유하고 있는 것과 동일한 축복을 받게 될 것이라고 확신하고 있었습니다"

그리고나서 그녀는 인정했습니다. "하지만 어쩌겠습니까? 그들은 전혀 감동 받지 않았습니다. 나는 남편과 가족들은 내 말에 대부분 비판적이었음을 고백드리지 않을 수 없습니다. 그리고 나로서 믿기 어려운 것은 나의 친구들도 같은 식으로 반응했다는 것입니다"

기억해 주십시오. 지상에서 죄없이 진실로 승리로운 삶을 살면서 생애를 보내신 분은 오직 한 분이 계신데, 그분은 사람이신 그리스도 예수(the man Christ Jesus)입니다.

그렇지만 그와 같은 시대의 사람들이나 종교지도자들은 영적인 소경이었기 때문에 예수님 안에 있는 승리로운 삶을 볼 수 없었습니다.

그래서 그들은 예수님을 술주정관(winbibber), 죄인으로 불렀으며 또 예수님을 악령들린 자라고 비난했습니다.

그들은 예수님의 생활에 있는 완전함을 조금도 이해하지 못했습니다.

그들의 영적인 시력은 매우 어두워져 있어서 그분이 바로 살아계신 하나님의 아들이라는 사실을 깨닫지 못했던 것입니다. 그들은 예수님에 대해 이렇게 말했습니다.

"우리는 이 사람이 죄인인줄 아노라"(요한복음

9:16, 24)

그리고 마찬가지로 우리도 사람들이 우리 안에 있는 승리로운 삶을 알아차리지 못하더라도 놀라서는 안됩니다. 그럴지라도 단지 미소만 지으십시오. 결코 싸우지 마십시오. 계속 겸손함을 유지하십시오. 겸손은 그리스도인의 모든 미덕들 가운데서 가장 위대한 것들 중 하나입니다. 그리스도 예수 안에 있는 승리로운 삶은 주님을 따르는 사람들의 삶으로부터 맺게 되는 여러가지 열매만큼 불신자들에게 죄를 자각시키는 것은 없습니다.

다른 사람들이 우리를 억압할 때, 혹은 그들이 우리의 성실함을 부정할 때, 혹은 우리가 정통파가 아니라고 그들이 말할 때, 우리는 사랑하지 못하게 하는 영(a spirit of unlove)에게 굴복하지 않고, 쓴 뿌리가 들어오는 것을 허용해서도 안됩니다. 또 "나는 당신보다 거룩합니다"라는 태도를 나타내지 않도록 주의해 주십시오. 그러한 생각을 일분 동안만이라도 즐긴다면 당신의 승리는 허물어지고 당신의 영향력을 잃어버리게 됩니다. 자기는 그리스도인이라고 말하면서, 그러면서도 그런 영을 나타내는 사람만큼, 다른 사람들에게 불쾌하고 싫은 것은 없습니다.

자, 조금 더 나아가도록 허락해 주십시오. 성령으로 충만하게 되고 성령세례를 받은 사람들에게 한 마디 경고의 말씀을 드리겠습니다. 영적으로 완고한 태도를 나타내지 않도록 주의해 주십시오. 완고함은 성령의 품성이 아닙니다. 그러나 겸손은 성령의 품성입니다. 만일 살아계신 하나님의 아들이신 예수님이 기꺼이 종이 되셔서, 자신의 허리에 수건을 차시고 제자들의 더러워진 발을 씻기시는 것으로 우리에게 모범을 보여주셨다면, 그분의 성령으로 충만된 우리는 확실히 섬기기 위해 살아가야 하며, 또 섬김을 위해 능력을 우리에게 예비해 주시는 우리 주님, 구주의 겸손함을 나타내지 않으면 안됩니다. 내주하시는 그리스도를 나타내는 기회를 미래의 언젠가까지 기다리고 있어서는 안됩니다. 매우 특별한 기회가 생겨나길 찾고 있거나, 예수님의 능력을 증거할 뭔가 큰 순간을 기대하거나,

큰 군중들 앞에 당신이 서서 공개적으로 자기 이야기가 들려지는 때를 기다리고 있거나 해서는 안 됩니다.

    나의 사역은 공적인 집회에 한정되어 있지 않다는 것을 나는 언제나 기억하고 있습니다. 집회는 부차적인 것입니다. 내가 예수님을 증거할 최고의 기회는 주차장에 있는 사람들, 레스토랑의 웨이트리스, 식료품 가게에서 일하는 사람들, 게다가 사무실에서 나와 함께 일하는 사람들과 내가 접촉하는 지금 현재의 기회인 것입니다. 내게 사는 것은 그리스도입니다. 그리고 그리스도는 사랑입니다.

제 13 장
빛을 비추십시오

우리는 또 한 발자욱 나아가면서, 하나님의 말씀 로마서 6장 22절을 펴보도록 하겠습니다. 여기서 전에 우리가 만났던 '이제'라는 말을 다시 보게 됩니다.

"그러나 이제는 너희가 죄로부터 해방되고 하나님께 종이 되어 거룩함에 이르는 열매를 맺었으니 그 마지막은 영생이라"

이것은 정말 스릴 넘치는 것이 아닙니까? 우리가 이 승리로운 삶을 살아갈 수 있는 유일한 때는 바로 지금 이 순간이며, 그리스도를 통하여 승리를 얻는 유일한 방법은 지금 바로 이 순간에 그것을 취하는 것임을 우리는 압니다.

여러분도 아시다시피, 우리 가운데 어느 누구도, 지금 이 순간의 다음 순간을 보증할 수는 없습니다. 다음 주의 일을 우리는 보증할 수 없습니다. 다음 달의 일도 우리는 보증할 수 없는 것입니다.

내가 보증할 수 있는 유일한 것은 지금 이 순간 뿐입니다. 그러므로 나는 이 순간에 내게 주어져 있는 모든 기회를 최대한으로 이용하지 않으면 안됩니다.

온 세상에서 가장 중요한 요소는 시간입니다. 지금 이 순간 여러분이나 나에게 있어서 시간만큼 중요한 것은 없습니다. 왜냐하면, 시간이 지나가면 이 땅에서나 하늘의 어떠한 권력을 가지고도 그것을 되돌려 놓을 수 없기 때문입니다. 그것을 깊이 생각해 보십시오. 당신이 지금 이러한 글을 읽고 있는 동안, 이런 순간 순간은 이미 과거의 역사가 되어버리고 당신은 그런 순간 순간을 다시 당신에게 되돌려 놓는 것은 불가능합니다.

그런 시간 안에는 다양한 기회로 가득 차 있습니

다. 이렇게 매우 중요한 요소인 시간은 당신에게는 온 세상에서 가장 중요한 요소(element)입니다.

당신이 지혜로운 사람이라면 매 순간 순간에 기회가 있음을 깨닫고 지금 그러한 기회를 최대한으로 이용하려고 할 것입니다.

하나님은 사랑임과 동시에 빛이시기도 합니다. 우리 주님은 이렇게 말씀하셨습니다.

"너희 빛이 사람 앞에 비치게 하여 …"(마태복음 5:16)

예수님은 기회가 주어진다면 빛을 비추어라고 말씀하시지 않으셨습니다. 우리는 언제라도 어디에서라도, 모든 시간, 모든 순간에, 모든 날의 모든 순간에 빛을 비추어야 하는 것입니다.

만일 당신이 그리스도인이라면, 만일 당신이 하나님의 자녀들 가운데 한 명이라면, 그리고 그리스도의 상속인, 하나님의 상속인, 하나님의 독생자와 공동 상속인이라면, 당신은 자신의 빛을 비추지 않으면 안됩니다.

하루에 한 시간만이 아니고, 일요일에 30분만이 아니며, 당신이 교회에 있을 때만이 아니며, 당신이 좋은 인상을 주려고 하는 시간만도 아닙니다.

지금 비추십시오. 이처럼 작은 단어 "~하게 하다(let)"가 전체의 열쇠가 됩니다. 하나님은 당신을 강제로 억지로 하게 하시지 않습니다. 하나님의 인격은 인간의 성질과는 반대입니다. 하나님은 인간에게 어떤 것일지라도 강제로 하게 하시지 않습니다. 나 자신의 생애를 뒤돌아보면 하나님은 나에게 단 한 가지도 억지로 하게 하신 것은 없었다고 정직하게 말할 수 있습니다. 그것이 나를 놀라게 하는 것만큼, 당신을 놀라게 하지 않습니까?

설명해 드리지요. 나는 언제라도 하고 싶을 때에 강단으로부터 걸어나가, 이젠 사람들 앞에 서는 것을 그만 둘 수 있습니다.

나에게는 다음과 같이 말할 권리와 의지가 있습니다.

"나는 지쳤습니다. 나는 하나님과 사람들에게 봉사해 왔습니다. 내가 14세 때부터 경험해 온 것은 힘든 일 뿐이었습니다. 내가 알고 있는 한, 지금까지 나의 인생을 이기적으로 사용한 적은 없으며, 스스로도 잘 했다고 생각합니다. 나는 하나님과 동료들에게 최후의 봉사를 했습니다. 이제부터는 편하게 지내겠습니다."

물론 내가 그렇게 한다면 나는 세계에서 가장 비참한 인간이 될 것입니다. 이런 것을 생각하는 것만으로도 나는 두려워집니다.

그렇지만 내가 이런 예를 드는 것은 내게는 나 자신의 의지가 있고, 이젠 두 번 다시 설교하지 않겠다고 결단할 수 있는 의지가 있다는 것을 지적하기 위해서입니다.

더구나 하나님은 결코 나에게 강요하시지 않을 것입니다. 하나님은 곤봉을 가지고 내려오셔서 이런 식으로는 결코 말씀하시지 않을 것입니다. "자, 캐트린, 이쪽을 보아라. 나는 네가 이제부터의 삶에서 복음을 전하며 살아가도록 강제하노라"

그렇게는 하시지 않습니다. 하나님은 나를 억지로 무리하게 하나님을 섬기도록 하시거나, 그리스도인의 삶을 살도록 하시지 않습니다. 내가 하는 것은 내가 하고 싶어서 원하기 때문이며, 내가 하나님을 사랑하고 있기 때문입니다. 나의 전 인생은 한 분을 중심으로 전개되고 있으며, 그분은 바로 예수 그리스도입니다. 그리스도를 사랑한 나머지, 그리스도를 섬기는 것을 선택하고 온 세계의 무엇보다도 그리스도를 섬기고 싶다고 생각하는, 그러한 장소가 그리스도 안에 있습니다. 그 사람의 활력은 하나님으로부터 오며, 그의 힘과 지혜, 그의 지식도 하나님으로부터 주어지며, 그의 생명도 하나님을 통하여 또 하나님 안에서 살아납니다. 왜냐하면, 그는 그리스도의 몸의 일부이며, 하나님을 섬기고 싶어하기 때문입니다. 그러므로 인간이 형제들을 섬기고 전 인류를 섬기길 원하는 것은 지극히 당연한 것입니다. 그것은 2+2=4라는 사실과 동일한 것입니다.

하나님은 말씀하십니다.

"너희 빛이 사람 앞에 비치게 하여…"(마태복음 5:16)

당신은 자신의 빛이 비추어지도록 원해야 할 필요가 있습니다. 당신의 빛을 관리하는 것은 당신입니다. 당신은 신학 학위를 가지고 있을지도 모르겠습니다. 당신은 하나님 말씀에 정통해 있으며, 지식이 많은 사람일지도 모르겠습니다. 당신은 성령세례를 경험하고, 성령충만에 대해서 알고 있을지도 모르겠습니다. 그럴지라도, 당신은 성령께서 당신을 통하여 빛을 발하고, 당신의 삶을 통하여 하나님의 빛이 비춰지도록 해야 합니다.

"빛을 비추십시오" 언제라도, 어디에서라도, 매일 당신이 침대에서 나올 때 자신과 하나님을 향하여, 기쁘게 이렇게 말하십시오. "내게 사는 것이 그리스도니" 참으로 그 순간부터 그날 당신이 만나게 될 어떤 사람에 대해서도 그리스도의 영광이 얼만가를 나타내도록 결심하십시오.

자기 자신에게 계속 주의를 주십시오. 많은 경우에, 내가 집을 나와서 사무실로 가기 전에 쓰레기 수거 차량이 우리집 부엌문을 지나갑니다. 내가 그 문을 닫은 채로 차양을 내리고 등을 향하고 있을까, 그렇지 않으면 가령 근처의 쓰레기 깡통의 달그락거리는 소리로 아침 일찍, 쓰레기 수거차량이 오는 것보다 훨씬 일찍이, 내가 눈을 떠있을지라도 문쪽으로 가서 인사를 하고, 그들을 축복해 줄 것인가는 나의 선택에 달려있습니다.

하나님은 억지로 내가 그 두 가지 중 어느 쪽을 행하도록 강요하시지 않습니다. 내가 기분이 울적해지는 것도 천성적인 성격대로 행동하는 것도 가능하지만, 나의 빛을 비추는 것을 선택하는 것도 가능합니다. 그것은 내게 달려 있는 것입니다.

당신이 아침, 눈을 뜰 때마다 당신은 선택을 합니다. 당신은 이렇게 말할 수 있습니다.

"내게 사는 것이 그리스도니…"(빌립보서 1:21)

그리고 그리스도는 사랑입니다. 당신은 그리스도의 영광과 사랑을 세상에 드러내고 당신의 빛을 주 예수 그리스도를 위해 비출 수 있습니다. 혹은 당신의 빛을 말(bushel)아래 숨기고 기분이 언짢은 듯이 불평을 토해내면서 자신과 다른 사람들을 비참하게 하려고 결심할 수도 있습니다.

당신이 하나님의 상속인이고, 그리스도 예수와 공동 상속인이라면, 육과 혼과 영의 전인격이 영향을 받게 됩니다.

　내가 길을 걷고 있을 때에도, 내 생활의 모든 순간에도 내 혼과 영뿐만 아니라, 나의 외면의 모습에 대해서도, 나는 주님께서 나를 자랑스럽게 생각해 주시길 원합니다.

　당신의 가정에 있는 사랑하는 사람들에게 당신의 빛과 당신의 승리를 보여주십시오. 당신의 동료들에게 당신이 사무실에 있든 가게에 있든 공장에 있든 학교에 있든, 그리스도께서 당신의 마음 안에 사신다는 것을 보여 주십시오. 장사를 하는 사람, 우체국 직원, 버스 운전사들이 당신이 가진 비밀을 어떻게 모를 수 있겠습니까?

　도처에서 모든 사람들에게 알려지고 읽혀지는, 개봉되어진 그리스도의 편지가 되십시오. 광채가 결코 희미해지지 않는 빛이 되십시오.

제 14 장
비밀

　우리 모두는 어쩌면 이렇게도 이해하는데 둔한 마음을 가지고 있는지요? 나의 생각을 전하는데 가장 좋은 방법은 하나님을 섬기는데 오랜 세월을 보내온 한 사람의 내적인 경험을 소개하는 것이 아닐까하고 생각해 봅니다.

　나는 지금 중국 선교사였던 허드슨 테일러(Hudson Tayler)에 대해서 말하고 있습니다. 그는 자기 여동생 앞으로 편지를 남겼습니다. 그것은 그가 거룩, 하나님과 보다 더 깊은 동행, 그리스도 예수 안에 언제나 거하기를 추구했던 기록이기도 합니다. 그의 편지에서 이보다 깊은 경험을 얻는 방법이 성경에 분명히 기록되어 있음에도 불구하고,

그는 그것을 전혀 발견할 수 없었던 것을 알 수 있습니다. 이 놀라운 진리는 하나님 말씀 가운데 참으로 명백히 기록되어 있지만, 그럴지라도 그것을 오직 성령만이 사람들의 마음에 실제의 것이 되게 하실 수 있습니다. 여동생에게 쓴 편지 가운데, 중국의 위대한 선교사 허드슨 테일러는 자신의 마음 속에 있는 깊은 생각과 자신이 열심히 이 체험을 추구해 온 것을 기록하고 있습니다. 나는 이 편지로부터 인용해 보고자 합니다.

"나는 기도하고 금식하고, 고뇌하고, 결심하고, 성경을 열심히 읽고, 조용히 묵상하기 위한 시간을 더욱더 구했습니다. 그러나 모든 것은 효과가 없었습니다. 매일 거의 모든 시간, 나는 죄의식으로 압박받았습니다. 그리고 이런 의문이 일어났습니다.

「해결의 길은 전혀 없는 것일까? 끊임없는 투쟁(conflict) 그리고, 승리 대신에 패배의 연속이 언제까지 계속되는 것일까?」 나는 나 자신을 증오하고 나의 죄를 증오했습니다.

그러나 여전히 그것을 대적할 수 있는 힘은 얻을

수 없었습니다. 나는 하나님의 자녀임을 스스로 느끼고 있었지만, 자녀로서 나의 특권을 어떻게 손에 넣어야 하는지는 전혀 알지 못했습니다.

거룩함, 즉 실제생활에서의 거룩함은 은혜의 여러가지 수단들을 열심히 사용함으로서 서서히 얻어지는 것이라고 생각했습니다. 이 세상에서 내가 진심으로 원하는 것, 내가 진실로 필요로 하는 것은 아무것도 없다고 느꼈습니다.

내 혼의 고뇌가 극에 달했을 때, 어느 편지의 한 문장을 사용하셔서 하나님은 내 눈에서 비늘을 제거해 주셨습니다. 그리고 하나님의 성령께서는 우리가 예수님과 하나라는 진리를 분명히 계시해 주셨습니다"

허드슨 테일러에게 그가 오랫동안 찾아 구하고 있던 것을 주었던 그 편지의 한 문장은 무엇인지 알고 싶습니까? 알고 싶다구요? 아, 알겠습니다. 그럼 계속하지요.

"믿음으로 하나의 수로(channel)가 만들어지

고, 거기서부터 그리스도의 충만함이 풍성하게 흘러내려옵니다. 열매를 맺지 못했던 가지에 많은 열매가 맺히기 시작합니다. 내면에 그리스도를 가장 많이 가지고 있는 사람이야말로 가장 거룩한 사람입니다"

이 문장을 다시 한 번 반복해 드리겠습니다. 이것은 심오합니다. 이 편지의 내용 중 다른 모든 것을 잊어버릴 지라도, 이제 더 이상 이 편지를 읽지 않더라도, 이 한 문장만은 꼭 기억해 주십시오.

"내면에 그리스도를 가장 많이 가지고 있는 사람이야말로 가장 거룩한 사람입니다"

편지는 계속됩니다. "사람들의 발을 방해해서 많은 사람들을 걸려 넘어지게 하는 믿음은 결함이 있는(defective)믿음입니다. 그리스도 안에 거하는 것, 분투하거나 애쓰지 않는 것, 그리스도께 눈을 고정시키는 것, 현재의 능력을 위해 그리스도를 신뢰하는 것, 모든 내적인 타락을 다스리도록 그리스도를 신뢰하는 것, 완전한 구원 즉, 모든 죄로부터 구원을 기뻐하며 안식하는 것, 그리스도께서 진정으로 최고의 존재(supreme)가 되도록 기꺼이 원하는 것, … 믿음을 가지려고 노력하는 것이 아니고, 자신의 믿음을 크게 하려고 노력하는 것이 아닌, 그 신실하신 분에게 눈을 고정하는 것, 우리에게 필요한 것은 그것뿐인 것처럼 생각됩니다. 주 안에서 안식하는 것, 지금과 영원을 위해 주를 완전히 신뢰하는 것입니다"

이것이 비결이며, 이것이 허드슨 테일러의 주의를 끌었던 바로 그 문장이었습니다.
"믿음을 가지려고 노력하는 것이 아니고, 그 신실하신 분에게 눈을 고정하는 것, 우리에게 필요한 것은 그것뿐인 것처럼 생각됩니다." 그만큼 단순합니다.

나는 미주리 주 콘코디아의 그 조그마한 감리교회에서 14세 때 경험했던 나의 회심을 결코 잊을 수 없습니다.
이 경험에 대해서는 전에도 여러분께 말씀드렸습니다. 하나님께서 나를 사역에 부르신 것은 그 회심으로부터 얼마 지난 후의 일이었습니다. 복음을 전파하라는 나의 부르심은 나의 회심만큼이나 분명했습니다.

나의 온 존재가 더욱 예수님을 갈구하며 외쳤던 것 같습니다. 나는 육신의 굶주림을 알고 있지만, 내가 예수님을 향해 가졌던 영적 굶주림만큼 큰 육신의 굶주림은 과거에 경험해 본 적이 없습니다.

영적인 것에 대해서 나는 매우 무지하고, 매우 어리석었습니다. 나는 정식으로 신학교육을 전혀 받지 않았으며, 그 외 다른 무엇도 받은 적이 없습니다. 그렇지만 몇 번 아이오와 주의 어느 성결(holiness) 교단의 야외 집회에 참석했습니다. 그것은 내가 그리스도인이 되고 난 후의 일이며, 성령에 대해서 아무것도 알지 못할 때이며, 또한 성령세례에 대해서도 배우기 전이었습니다.

내가 알고 있었던 것이라면, 내 자신이 거듭났다는 것과 예수님이 나의 죄를 사해주셨다는 것뿐이었습니다.

그 야외집회의 집회장 지면에는 톱밥이 뿌려져 있고, 그곳에 설치된 구식의 천막을 언제나 기억할 것입니다. 나는 예수님을 더욱 추구하며 굶주려 있었습니다. 강단 앞으로 나오라는 초청이 오전 집회, 오후 집회, 밤 집회에 행해질 때마다, 붉은 머리로 얼굴에 주근깨가 있는 십대 소녀인 내가 통로를 달려가서 그 천막 안 맨 앞에 무릎을 꿇고 양팔에 얼굴을 파묻고, 울기도 하고 외치기도 하며, 거룩을 구하기도 하며 내가 알지 못한 경험을 추구하기도 했습니다.

한낮이 되면, 사람들은 모두 식사하러 갔지만, 나는 강단 주위에 남아 있었습니다. 오후 집회가 시작되었을 때도 나는 그곳에 있었습니다. 완전히 거룩해지고 싶은 사람들과 성결을 구하는 사람들을 위해 다시 초청이 행해지면, 나는 강단 바로 밑, 맨 앞쪽으로 되돌아 갔습니다.

나는 내가 찾고 있던 것을 거기서는 결코 발견하지 못했습니다. 나는 어떤 경험과 환희를 구하고 있었습니다. 예수님이야말로 우리의 성결이며, 예수님의 성결을 가장 많이 소유하고 있는 사람은 예수님을 가장 많이 소유하고 있는 사람임을 배운 것은 몇 년이나 지난 후였습니다.

여러분은 성결이라든가, 성별(聖別:sanctification)의 경험에 대해서 이야기할 수도 있겠지만, 그것은 여전히 예수님을 구하는 문제입니다. 여러분은 성령으로 충만함을 받는 놀라운 경험에 대해 이야기할 수도 있습니다. 그것은 여전히 예수님을 더욱 추구하는 것입니다.

그리고 성령으로 충만케 된 후에 조차도 … 나의 친구들이여, 기억하십시오 … 성령님 자신은 언제나 예수님을 높이고 예수님께 영광을 돌려드립니다.

내면에 예수님을 가장 많이 소유하고 있는 사람이야말로 가장 거룩한 사람입니다. 그것은 믿음을 가지려고 노력하는 것이 아닙니다.

그것은 어떤 경험을 구하여 노력하는 것이 아닙니다. 오히려 그것은 예수님을 바라보는 것이며 예수님을 더욱 많이 받아들이는 것입니다.

그리고 그것이야말로 당신을 위한 해답입니다.

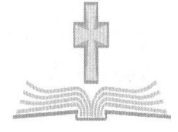

제 2 부

주님의 치유 손길

제 15 장
당신의 믿음

그리스도인들에게 있어서, 다른 위대한 주제와 마찬가지로 믿음이란 무엇이며, 믿음이 하는 것은 무엇인지에 대해서 믿는 자들 사이에서도 큰 혼동이 있습니다.

- 믿음은 신뢰의 행동(deed of trust)입니다.
- 믿음은 신념을 행동으로 옮기는 것(belif in action)입니다.
- 믿음은 마음을 예수님께로 향하고, 그분에게서 받는 것입니다.
- 믿음은 하나님의 위대한 공급창고(God's great Suply House)의 문빗장을 여는 것입니다.

- 믿음은 추구되어야 합니다.
- 믿음은 올라가는 것이 아니고, 내려오는 것입니다.
- 믿음은 하나님의 마음을 풍성히 하는 것이며, 믿음의 행위로 성령께서 활발히 움직이시는 것입니다.
- 믿음은 하나님으로부터 오는 것이며, 예수님의 이름에 의한 것이며, 삼위일체의 세 번째 위격에 의해 기름 부어진 것입니다.

사람들은 믿음을 구하며 기도합니다. 그것은 하나님으로부터 오는 선물입니다.

마가복음 5장 25~34절에서 루디아라는 이름의 한 여인에 관해 읽게 됩니다. 그녀는 자기를 치유하시는 분으로서 주님을 간절히 필요로 했습니다. 오늘날의 많은 사람들과 동일합니다. 당신도 그럴지 모르겠습니다.

이 젊은 미망인은 한 때 아름답고 활기에 차 있

었을지 모르지만 지금은 있던 돈을 다 써버리고 아름다움도 다 사라졌습니다. 그녀는 여성들만의 독특한 심각한 질병을 앓고 있었습니다.

많은 의사에게 가보았지만 전혀 소용이 없었습니다. 의사들은 그녀에게 아무것도 해 줄 수 없었으며, 그녀의 병은 날이 갈수록 악화되고 있었습니다.

그녀는 지쳤으며, 다시금 건강하게 되어 튼튼한 몸을 회복하는 것은 절망적이었습니다.

그때, 예수님이 오셨습니다. 예수님이 사람들의 가정, 사람들의 인생, 그리고 사람들의 마음속에 오실 때, 얼마나 강력하고 기적적인 변화가 행해지게 되는지요.

어느날 루디아의 군중들이 자기 집 옆을 천천히 지나가는 것을 보았습니다. 아마도 누군가가 그녀의 집을 노크하여 예수님이 그 군중들 속에 계시며, 예수님이 그녀를 치유해 주실거라고 말하여 주었겠지요. 건강하게 된다는 생각만으로도, 그녀의 마음은 희망과 기쁨으로 가득 차게 되었을 것입니다.

아, 다시 좋아지고 건강케 될 수 있다는 건 성전에서 예배드릴 수도 있고, 친구와 함께 외출할 수도 있겠구나. 그렇지만 루디아의 마음에는 일말의 불안함도 있었습니다. 그녀의 집에서 야이로라는 훌륭한 사람이 예수님과 열심히 이야기하는 모습이 보였을지도 모릅니다. 왜냐하면 야이로가 가버나움에 와서 예수님께 자신의 어린 딸의 병상에 와 달라고 부탁드린 것과 같은 날이었기 때문입니다. 예수님은 나를 위해서도 시간을 내 주실까?

게다가 예수님 주위에는 매우 많은 사람들이 있었습니다. 그들은 기적을 행하시는 분이시며, 선생이신 분을 보기 위해 멀리 떨어진 여러 지역으로부터 와 있었습니다. 루디아는 그 군중들을 밀어젖히며, 예수님께 나아가는 것이 어려울 것이라고 알고 있었습니다.

그러나 루디아는 필사적이었습니다. 그녀는 모든 두려움을 떨쳐 버렸습니다. 그녀는 결의하고 그것에 근거해서 행동하였습니다. 그녀의 연약한 육체의 형편이 허락하는 한, 재빨리 거리로 달려나갔습니다.

처음에는 소심하고 겁이 많았지만 팔꿈치로 밀

어 제치면서 군중들 사이를 통과해 나갔습니다. 자기들 곁을 지나가게 허용해 주는 사람들도 몇 명 정도는 있었겠지만 그러나 금세, 지금까지 경험해본 적이 없는 수많은 군중들에게 떠밀려서 이젠 더 이상 앞으로 나아갈 수 없게 되었습니다. 어떻게 하면 좋을까? 어느 쪽으로 가면 좋을까? 그녀는 그런 식으로 스스로에게 물어보았음이 틀림없습니다.

그녀는 주저앉았으며 무릎을 꿇었습니다. 그녀는 몸이 허약했고, 예수님에게까지 가는 것은 불가능해 보였습니다. 갑자기 그녀 앞에서 장소가 열려지고, 그녀는 여전히 무릎을 꿇은 채였지만, 주의하면서 그러나 마음을 단단히 하고 기어가기 시작했습니다. 그녀의 얇은 샌달은 수많은 사람들의 흙먼지 묻은 샌달에 밟혔을 것입니다. 그렇지만 마침내 거의 탈진한 채로 그녀는 군중들이 안쪽에서 둘러서 있는 곳에 도달했습니다. 그녀가 먼지로 범벅된 얼굴을 들어올리자, 그곳에 예수님이 계셨습니다.

그녀가 예수님의 주의를 끌 수만 있다면, 그녀가 외칠 수만 있다면… 그러나 예수님은 말씀하시고 계셨습니다. 하지만 예수님의 옷자락 즉 예수님 입고 계신 옷을 두르고 있는 폭이 넓을 띠가 그녀의 손길이 닿을 수 있는 곳에 있었습니다.

그녀는 유대인이고, 그 가장자리(border)의 의미를 잘 알고 있었습니다. 그것은 하나님의 백성이 하나님의 율법을 지킨다는 증거로서 그 띠를 몸에 두르도록 하나님이 자기 백성들에게 명하신 것이었습니다. 루디아에게 있어서, 옷자락은 더욱 그 이상의 것을 의미하는 것이었습니다. 즉 그 옷자락은 예수님이 하나님이시며, 예수님이 누구이며, 어떤 분이신지를 공언(profession)하는 것이었습니다. 예수님은 친히 주장하신 그대로의 분이라고 그녀는 믿었습니다. 이것이 그녀의 믿음이었습니다.

루디아는 웅크린 자세로 몸의 균형을 잡으면서 모든 힘을 다해 손을 뻗어서 **"내가 그의 옷에만 손을 대어도 구원을 받으리라(온전케 되리라)"**(마가복음 5:28)고 마음속으로 말하면서 손가락으로 예수님의 옷자락에 경건하게 접촉했습니다.

순식간에 그녀는 치유받았으며, 그것과 동시에 예수님은 누군가가 믿음으로 자신에게 닿았다는 것을 아셨습니다. 믿음으로 접촉하는 것과, 예수님 주

위에 모여있던 호기심 있는 사람들이 밀려오는 것과는 큰 차이가 있습니다. 예수님은 루디아의 믿음이 자신을 접했음을 아셨습니다. 그리고 그녀는 자신이 다시 건강해졌음을 알았습니다.

제 16 장
합리적인 가르침

신약성경에는 당시 가버나움에서 일어났던 많은 치유의 기적들이 기록되어 있습니다. 그러나 여러분은 이렇게 질문하실지도 모르겠습니다. "예수님은 오늘날 치유의 기적을 행하실 수 있을까요? 또 그렇게 하시고 계시는 걸까? 그리스도의 지상에서의 봉사가 끝났을 때 그런 기적들도 끝나버린 것은 아닐까요?"

이러한 질문들은 합리적인 대답을 받을 만한 합리적인 질문들입니다.

"예수께서 말씀으로 귀신들을 쫓아 내시고 병든 자들을 다 고치시니"(마태복음 8:16)

이 말씀에는 단순한 역사적 사실 이상의 것이 확실히 포함되어 있습니다.

"기적의 시대"는 없습니다. 기적은 하나님의 능력이 나타나는 현상들입니다.

이 놀라운 권능은 성부 하나님의 시대, 성자 예수 그리스도의 시대에 나타나셨으며, 그리고 성령 시대에 계속해서 나타나고 있습니다. 하나님이 역사하실 때는 언제든지 초자연적으로 하십니다. 그러므로 하나님께서 보좌에 좌정해 계시는 한, 기적은 계속됩니다. 반복해서 말씀드립니다만, 하나님에게 "기적의 시대"는 없습니다. 믿음은 머리의 문제라기보다 오히려 마음(heart)의 문제인 것은 확실한 사실이지만, 한편으로 이것은 "신유(divine healing)"라고 종종 언급되는 교리가 완전히 합리적임을 부정하는 것은 결코 아닙니다.

'신유'라는 이 용어가 그리스도의 치유 권능이라는 의미로 사용되어 진다면 그것은 갈보리의 십자가 위에서 희생제물이 되신 하나님의 아들이신 예수님의 이름으로 믿음의 기도를 할 때, 그것에 대한 응답으로서 치유받는다는 것을 의미합니다. 이 치유의 권능에 대해서는 오직 예수님만이 영광과 찬양을 받으셔야 합니다.

이 가르침은 매우 합리적인 것이며, 예수님을 구주로 믿는 모든 사람들에게 받아들여져야 합니다. 이것은 이해하기에 어려운 것이 아니며, 믿는데 어려운 것도 아닙니다.

많은 그리스도인들은 스스로 깨닫고 있는 것보다도 훨씬 많은 잠재적 믿음을 소유하고 있습니다. 예를 들어서 당신은 성부 하나님이 진실하시고 살아계신 하나님이심을 믿습니까?

당신은 예수 그리스도가 하나님의 아들이시며, 십자가에 달리시고 죽으시고 장사되신 후, 죽은 자 가운데서 다시 살아나셨다는 진리를 받아들입니까? 이러한 질문들에 당신이 정직하게 '예'라고 대답할 수 있다면 당신은 기적을 일으키는 믿음을 위해 좋은 토대를 가지고 있으며 이 잠재적 믿음이 그대로 행동으로 옮겨지고 행함이 된다면, 당신은 기도가 응답되어지는 경험을 하게 될 것입니다.

이것은 치유의 기적이 행하여지기 위해서 당신

이 마음 속에 이미 토대를 놓았다는 것뿐입니다. 이 사실로부터 격려를 받으십시오.

그러므로 용기를 내어 당신의 자손심과 불신앙 그리고 선입관을 물리치십시오. 무릎을 꿇고 전진하십시오. 하나님을 바라보고 그분을 찬양하십시오. 하나님을 예배하십시오. 예수님을 경배하십시오. 당신의 마음을 주변세계의 불협화음보다 더 높이 두십시오. 그리고 하나님께서 당신을 위해 행하여 주신 모든 것과 하나님이 하시려고 하는 것을 인하여 그분을 찬양하십시오. 더 나아가서 치유받고 있다는 것을 알 수 있다는 인식에 당신의 생각과 마음을 고정하십시오.

그것을 기대하는 것은 합리적이고 이치에 맞는 것입니다. 왜냐하면 당신의 믿음 중심에는 한 분 영원하신 아들 예수 그리스도가 서 계시기 때문입니다. 그분의 능력을 제한시킬 수 있는 것으로 유일하게 존재하는 것은 당신의 불신뿐입니다.

질병은 그리스도의 원수입니다. 죄가 이 세상에 들어오지 않았다면 질병은 존재하지 않았을 것입니다. 그리고 우리가 영광 가운데 그리스도와 함께 있을 때에는 아픔과 괴로움도 더 이상 없을 것입니다.

이러한 것들은 죄의 직접적인 결과로서 이 세상에 들어온 것입니다. 그러나 기억하십시오. 사람들이 아프거나 고통받거나 하는 것은 그 사람 자신의 죄의 행위에 의하지 않는 경우가 많이 있습니다.

우리는 아픈 사람을 손가락질하며 심판하는 입장에 서서 "저들이 아픈 것은 그들의 생활 가운데 죄를 범하고 있기 때문이다"라고 결코 말해서는 안 됩니다.

당신은 "성령에 의해 죽임당하다(slain by the Spirit)"라는 표현에 친숙하지 않을 수도 있습니다. 사람이 하나님의 축복의 놀라운 기름부으심을 받을 때 사용되는 표현입니다.

그렇지만 이것은 "신성한 영광의 시식(foretaste of glory divine)"이며, 이 죽어야 할 몸이 죽지않음(immortality)을 입을 때, 우리가 모두 경험할 놀라운 부활의 권능에 대한 보증금에 지나지 않습니다.

그리스도께서 갈보리에서 지불하신 대가를 통하여 우리는 모두 "우리가 상속받게 될 것의 보증금"을 가질 수 있습니다. 그것은 "우리의 죽을 몸에서 나타난 예수님의 생명"이며 이 지상에서 우리의 일이 끝날 때까지입니다. 우리의 영원은 영광 육의 양자에 관한 것이기 때문에 우리의 구속도 또한 영적임과 동시에 육체적이어야 합니다.

우리는 다가오는 구속의 날까지는 우리의 완전한 상속을 다 받을 수는 없지만, "우리가 상속받는 것의 보증금"은 지금 누릴 수 있습니다. 우리가 영적인 구원의 맨 처음의 여러가지 열매를 경험하며 완전히 동일하게 우리의 몸의 구원의 최초의 여러가지 열매, 즉 몸의 치유도 받을 수 있습니다.

기억해 주십시오. 우리의 몸은 성령의 전이며, 성령은 살리시는 분이시며, 생명을 주시는 능력이신 분입니다. 바울은 로마교회에 이렇게 써보냈습니다.

"예수를 죽은 자 가운데서 살리신 이의 영이 너희

안에 거하시면 그리스도 예수를 죽은 자 가운데서 살리신 이가 너희 안에 거하시는 그의 영으로 말미암아 너희 죽을 몸도 살리시리라"(로마서 8:11)

누구에게 이 말씀이 적용될까요? 라고 하는 질문이 당연히 생겨날 것입니다. 성경에 의하면 육신의 치유를 위해서, 이 살리는 하나님의 능력이신 성령을 기대할 수 있는 권리가 누구에게 있을까요? 당신에게 그러한 권리가 있을까요? 당신은 그것을 알고 싶지 않습니까?

로마서 8장 9절을 펴 주십시오.

"만일 너희 속에 하나님의 영이 거하시면 너희가 육신에 있지 아니하고 영에 있나니 누구든지 그리스도의 영이 없으면 그리스도의 사람이 아니라"

바울이 말하고 있는 것은 진정으로 거듭난 신자는 누구라도 그 사람 안에 내주하시는 성령을 소유하고 있다는 것입니다.

그 사람은 성령을 차고 넘칠 정도로까지 소유하

고 있지 않을지도 모릅니다만, 성령이 증거해 주시는 임재를 분명히 소유하고 있습니다. 만일 그렇지 않다면 자신이 구원받은 것에 대한 어떤 확증도 없는 것으로 됩니다. 이렇게 하여 단순히 그리스도인은 누구라도 자신의 몸의 치유를 위해 예수 그리스도께 눈을 향할 권리를 가지고 있다는 것을 알 수 있습니다.

'만일 하나님의 뜻이라면' 이라고 하는 믿음을 파괴하는 말로 치유를 위해 기도한다면 그것은 씨앗을 뿌리지 않고 곡식을 키우려고 하는 것과 같은 것입니다. 사람이 자기의 밭 앞에 서서 이렇게 기도하는 모습을 상상해 보십시오.

"주님, 나의 밭에 옥수수가 생겨나게 해 주십시오. 만일 당신의 뜻이라면" 그가 여섯 주가 지난 뒤 돌아와 보면 옥수수가 전혀 없습니다. 그는 자신이 옥수수를 키우는 것은 하나님의 뜻이 아니었다고 받아들입니다. 그러나 실제는 그가 씨앗을 뿌리지 않았기 때문에 옥수수가 열매 맺을 수 없었던 것입니다.

영이고 생명이신 하나님의 말씀을 '씨앗' 이라고

하나님은 부르십니다. 땅에 뿌려진 옥수수는 옥수수를 산출하고 사람의 마음 속에 심어진 하나님의 말씀(하나님의 '씨앗')은 하나님의 말씀이 약속하고 있는 결과를 가져옵니다.

당신의 몸을 치유하는 것은 하나님의 말씀이라고 당신이 의심의 그림자도 없이 확신하기까지 치유를 위해 하나님을 믿는 것은 불가능합니다.

당신의 구원을 '하나님의 뜻'이라고 말씀하시는 (「주의 약속은 … 아무도 멸망하지 아니하고 …」 베드로후서 3:9) 동일하신 주님께서 당신의 치유도 '하나님의 뜻'으로 하시는 (원하고 계시는) 것입니다.

"이는 선지자 이사야를 통하여 하신 말씀에「우리의 연약한 것을 친히 담당하시고 병을 짊어지셨도다」함을 이루려 하심이더라"(마태복음 8:17)

구원이 혼을 위한 것임과 마찬가지로, 몸의 치유는 구속의 한 부분입니다. 시편기자는 찬양의 환희 가운데 외치며 말했습니다.

"내 영혼아 여호와를 송축하며 그의 모든 은택을 잊지 말지어다 그가 네 모든 죄악을 사하시며 네 모든 병을 고치시며"(시편 103:2~3)

우리의 모든 죄도 또 우리의 모든 질병도 여기에 포함되어 있습니다. 시간이라는 망원경을 들여다보고 선지자 이사야는 십자가에 달리신 그리스도를 보고 이렇게 선언했습니다.

"그(예수님)가 찔림은 우리의 허물 때문이요 그가 상함은 우리의 죄악 때문이라 그가 징계를 받음으로 우리는 평화를 누리고 그가 채찍에 맞음으로 우리는 나음을 받았도다"(이사야 53:5)

이사야의 예언은 신약성경에서 확증되었습니다.

"예수께서 베드로의 집에 들어가사 그의 장모가 열병으로 앓아 누운 것을 보시고 그의 손을 만지시니 열병이 떠나가고 여인이 일어나서 예수께 수종 들더라 저물매 사람들이 귀신 들린 자를 많이 데리고 예수께

오거늘 예수께서 말씀으로 귀신들을 쫓아 내시고 병든 자들을 다 고치시니 이는 선지자 이사야를 통하여 하신 말씀에 「우리 연약한 것을 친히 담당하시고 병을 짊어지셨도다」함을 이루려 하심이더라"(마태복음 8:14~17)

이것은 혼과 육의 두 가지 치유입니다. 성경은 언제든지 예수님의 완전하심을 우리에게 제시해 주고 있습니다. 예수님은 지상에서 섬기시는 중에, 맹인, 손과 발을 못쓰는 자, 문둥병 걸린 자 등 모든 아픔과 질병이 있는 사람들을 자주 직면했습니다. 그러나 예수님은 어떤 경우에라도 마음을 부정적으로는 하지 않았습니다. 그분은 언제나 「긍휼로 마음이 움직이셨던 것」입니다. 그분께서 인간의 필요를 보셨을 때는 언제라도, 또 어디에서라도 무저항의 긍휼에 의해서 마음이 움직이신 것이 그분의 성품 그 자체이며, 그분의 특징이었습니다. 어떤 상황에서도 합당하게 대처하셨습니다. 그분은 어떤 경우에도 그런 필요에 대해 영광스럽고 승리로운 방법으로 대응하셨습니다.

예수님은 오늘날도 여전히 긍휼로 마음을 움직여 주십니다.

"예수 그리스도는 어제나 오늘이나 영원토록 동일하시니라"(히브리서 13:8)

하나님의 위대한 권능은 결코 변하지 않았습니다. 기적을 행하시고, 죄를 용서해주시며, 무거운 짐을 벗겨주고, 그리고 몸을 치유해주시는 권능을 예수님은 지금도 여전히 소유하고 계십니다. 예수님은 영광의 장소로 떠나가시기 전에 분명히 뭔가를 선언하셨을 것입니다.

만일 예수님이 더 이상 우리를 위해 이러한 강력한 역사를 행할 수 없게 되었다면 즉 사자(messenger)를 보내 우리에게 말씀하셨을 것이기 때문입니다. 그분은 우리에게 친히 말씀해 주셨습니다.

"하늘과 땅의 모든 권세를 내게 주셨으니"(마태복음 28:18)

그리고 그분은 대선교 명령(the great commission)과 관련하여 이렇게 말씀하셨습니다.

"그러므로 너희는 가서 모든 민족을 제자로 삼아 아버지와 아들과 성령의 이름으로 세례를 베풀고 내가 너희에게 분부한 모든 것을 가르쳐 지키게 하라 볼지어다 내가 세상 끝날까지 너희와 항상 함께 있으리라 하시니라"(마태복음 28:19~20)

예수님은 자신의 권능이 줄어들게 될거라고 말씀하신 것이 아니라, 그것을 실행하기 위해 계속해서 전개해 갈 능력을 더욱 확장하신 것이었습니다. 여기서 예수님이 승천하셔서 성부 하나님 우편 보좌에 앉으신 후의 시간에 대해서 명백하고 간략하게 말씀하셨습니다.

"믿는 자들에게는 이런 표적이 따르리니 곧 그들이 내 이름으로 귀신을 쫓아내며 새 방언을 말하며 뱀을 집어 올리며 무슨 독을 마실지라도 해를 받지 아니하며 병든 사람에게 손을 얹은즉 나으리라"(마가복음 16:17~18)

예수님은 이 말씀을 하신 후 구름 속으로 들리워 올라가셨습니다. 그러므로 그리스도의 입으로부터 나온 맨 마지막 말씀은 복음전파의 모든 면 … 혼의 구원도 몸의 치유도 … 으로 그리스도의 권능을 더욱 나타낼 것을 기대하는 것이었습니다.

몸의 치유는 구약성도들이 모르는 것은 아니었습니다. 많은 예가 있지만 여기서 몇 가지 예를 들어보겠습니다.

"너희가 너희 하나님 나 여호와의 말을 들어 순종하고 내가 보기에 의를 행하며 내 계명에 귀를 기울이며 내 모든 규례를 지키면 내가 애굽 사람에게 내린 모든 질병 중 하나도 너희에게 내리지 아니하리니 나는 너희를 치료하는 여호와임이니라"(출애굽기 15:26)

하나님께서 말씀하시는 것은 분명히 몸의 치유에 대해서이고, 영적인 치유에 대해서가 아닙니다.
여러분의 성경책 이사야 53장 4~5절을 읽어주십시오.

"그는 실로 우리의 질고를 지고 우리의 슬픔을 당하였거늘 우리는 생각하기를 그는 징벌을 받아 하나님께 맞으며 고난을 당한다 하였노라 그가 찔림은 우리의 허물 때문이요 그가 상함은 우리의 죄악 때문이라 그가 징계를 받음으로 우리는 평화를 누리고 그가 채찍에 맞음으로 우리는 나음을 받았도다"

이러한 놀라운 구절들 가운데 하나님 말씀 전체를 통하여 계시된 복음이 있습니다. 즉 혼의 구원과 몸의 치유입니다.

제 17 장
치유의 기적

　많은 하나님의 백성들이 기적을 행하시는 그리스도의 권능에 대해서 말하는 것을 두려워하여 피하는 것은 정말 이상합니다. 그 이유는 오늘날에 그 권능이 역사하는 것을 이야기하고 싶지 않기 때문입니다. 대개 그들은 과거에는 초자연적인 역사가 있었다고 하는 기록을 기꺼이 인정합니다. 그렇지만 지금 이 시대에 이러한 강력한 역사를 위해 예수 그리스도를 믿는 믿음을 가질 수 있다고 말하는 것을 극단적일 정도로 주저하는 것처럼 보입니다.

　나를 알고 있는 사람들은 내가 의사나 그들의 의학적, 과학적 지식을 매우 존경하고 있음을 알고 있습니다.

　그들의 성실한 노력을 결코 가볍게 여기지 않으

면서 이 말씀드리고 싶습니다. 하나님은 자신의 독생자의 이름으로, 믿음으로 자기에게 나아오는 모든 사람들을 치유하실 수 있으며 또 치유해 주십니다. 그분은 사람을 차별 대우 하시지 않습니다.

하나님이 당신의 몸을 만지시고 예수 그리스도의 치유의 권능이 당신에게 흐를 때, 하나님의 권능은 놀라운 방법으로 당신의 마음에 실제적인 것이 됩니다. 그것은 당신이 그때까지 오랫동안 누려 왔을지도 모르는 영적인 축복을 더욱 높여 줄 것이며, 당신으로 하여금 커다란 필요에 직면해 있는 다른 사람들에게 용기를 줄 수 있게 해줄 것입니다. 또한 그것은 구원받지 못한 사람들에게 도전을 줄 것입니다. 또 다른 사람들을 주 예수 그리스도의 구원의 지식으로 인도하기 위한 수단으로도 될 것입니다. 구원이야말로 모든 것 중에서 가장 위대한 기적입니다.

하나님과 그분의 아들 예수님, 그리고 성령님의 초자연적인 이상, 하나님은 우리를 위해 초자연적인 일들을 행해 주시도록 우리가 기대하는 것은 당연합니다. 우리는 하나님께서 기적을 행하여 주신다는 기대감 가운데 살아갈 수 있습니다. 그 기적들 가운데는 우리 몸의 치유도 있는데, 손을 내밀어 그분의 옷자락을 만지는 모든 사람들, 즉 "예수님, 당신은 말씀 그대로, 말씀과 동일하신 분입니다"라고 말하는 모든 사람들을 치유하는 기적도 포함되어 있습니다.

하나님의 말씀이 점유해야 할 위치를 전통이 점유해 왔습니다. 우리가 하나님의 약속을 믿을 때에 주어지는 보상은 의심에 의해 빼앗겨 왔습니다. 인간의 여러가지 의견들이 하나님의 결정적인 선포의 자리(the seat of God's positive declarations)를 빼앗아왔습니다.

하나님의 백성들은 자신들의 삶 가운데 살아계신 그리스도의 증거가 전혀 없는 것에 대해, 변명하는 것이 교묘한 말장난이 되어 버렸습니다. 한 문둥병 걸린 사람이 예수님께 큰 소리로 외쳤던 때와 마찬가지로 예수님은 오늘날에도 기꺼이 사람들을 치유해 주십니다.

"한 나병 환자가 나아와 절하며 이르되 주여 원하시

면 저를 깨끗하게 하실 수 있나이다 하거늘 예수께서 손을 내밀어 그에게 대시며 이르시되「내가 원하노니 깨끗함을 받으라」하시니 즉시 그의 나병이 깨끗하여 진지라"(마태복음 8:2~3)

제 18 장
치유의 권능

예수님이 사용하시는 치유의 권능은 신격(Godhead)의 세 번째 위격이신 성령님입니다. 그분의 인격과 사역을 어느 정도 이해하는 것은 여러분의 믿음을 성장시키는데 도움이 될 것입니다.

다음의 간단한 말을 여러분의 마음 속 깊은 곳에 잘 간직해 두십시오.

"예수님이 양손을 벌리고 얼굴에서 빛나는 영광의 광채를 발하시며 당신 앞에 서 계실 때, 예수님이 행하시려 하는 것이라면 무엇이든, 어떤 것이든, 성령님은 여러분을 위해 그것을 하실 수 있으며 또해 주실 것입니다."

사실 예수님은 성부 하나님께로 가셨을 때 성령을 보내셨습니다.

**"내가 아버지께 구하겠으니 그가 또 다른 보혜사를
너희에게 주사 영원토록 너희와 함께 있게 하리니"**

    요한복음 14장 16절에 있는 이 약속은 몇 가지 놀라운 것들을 언급하고 있습니다. 성경 이 구절은 신격(Godhead)의 세 위격(three members)이 거룩한 조화 가운데 행동하시는 것을 보여주고 있습니다. 그것은 성령께서는 예수님 자신과 닮은『또 한 분』이신 위로자(Comforter), 강하게 하시는 분(Strengthener)이 되실 것임을 계시해 줍니다. 그것은 또한 성령께서『영원토록』거하실 것임을 보여줍니다.

    위대한 의사이신 분께서 육체라는 제한을 가지고 있다면 비교적 적은 수의 사람들에게만 다가가실 수 있지만, 그 대신 그분은 성령님을 통하여 우리 모든 사람에게 가까이 다가가실 수 있는 것입니다.

    이 위대한 의사께서는 오늘날 어느 곳에나 계십니다. 예수님은 하늘에서뿐만 아니라 땅에서도 권능을 가지고 계시기 때문에 그분은 완전하신 분입니다.

이 사실만으로도 우리의 전체적인 사고방식을 바꾸기에는 충분합니다. 이것은 단순히 하나님으로부터 뭔가를 받는다는 문제 …… 당신에게는 그것이 중요할지도 모르지만 …… 는 아닙니다. 그것은 「하나님의 임재를 실행하는」 문제이며, 끊임없이 거하시는 성령의 임재를 인식하고 즐거워하며 그리고 사용하는 문제입니다.

기억하십시오. 당신이 동의하든 동의하지 않든, 성령의 임재를 당신이 느끼든, 전혀 알아차리지 못하든, 성령께서는 당신과 함께 계십니다. 당신이 진정으로 하나님의 자녀라면 당신은 성령의 증거를 가지고 있는데 그것은 당신의 구원에 대한 보증입니다. 이 성령께서는 예수님의 지상사역 중 치유의 기적에서 역사하셨던 동일한 성령입니다.

이것을 이해한다면 당신은 지금 얼마나 위대한 권능을 사용할 수 있는지를 알게 될 것입니다.

그것은 예수님이 갈릴리 해변을 걸으셨던 때와 동일한 것입니다. 유일하게 다른 것은 당신의 믿음의 토대를 놓게 하는 것을 당신은 더 많이 가지고 있다는 것입니다. 왜냐하면 예수님의 증거는 그때부터 수 천번 이상이나 확립되고 확증되어 왔기 때문입니다.

루디아가 주님의 옷자락을 만졌을 때의 상황을 성경은 이렇게 말씀합니다.

"예수께서 그 능력이 자기에게서 나간 줄을 곧 스스로 아시고 무리 가운데서 돌이켜 말씀하시되 누가 내 옷에 손을 대었느냐 하시니"(마가복음 5:30)

『자기에게서 나간 능력』이란 그분의 존재 그 자체를 흐르는 성령의 능력이었습니다. 예수님이 루디아에게 접촉되었기 때문에 예수님의 능력이 감소한 것은 아닙니다. 그것은 예수님을 통하여 다른 사람이 그 능력을 받았다는 것입니다.

우리가 이 능력을 받기 위해서는 기도하면서 숙고해봐야 할 것들이 있음을 깨닫게 되는데, 즉 이 능력이 우리의 이익이 되도록 해달라고 주님께 요청을 하기 전에, 우리의 마음이 성실하고 열심있으며, 정직해야 한다는 사실입니다.

우리는 하나님께 나아오는데 우리의 삶에 죄가 많은 상태에 있을지라도, 혹은 하나님을 섬기고 싶어하지 않으면서도, 하나님은 우리를 치유해 주시지 않으면 안된다고 하는 태도나, 하나님이 우리를 치유해 주신 후에 하나님께 영광을 돌려드리기 위해 하나님은 반드시 우리를 치유해 주셔야 한다는 태도로 나아오는 것보다도 그분의 긍휼을 구하면서 주님께 나아오는 편이 훨씬 더 좋습니다. "어린 양의 존귀하신 보혈로 나의 마음을 정결케 해 주시옵소서. 나를 정결케 해 주시고, 나의 모든 죄를 씻어 주시옵소서. 내 마음을 하나님 보시기에 합당하게 해 주시옵소서"

당신이 하나님의 권능을 주시옵소서 하고 구할 때, 당신은 하나님의 일부분(성령)을 구하고 있음을 기억하십시오.

바꾸어 말하면 만일 당신이 돌연히 하나님의 아들의 인격(the Person of the Son of God)을 만났다면, 당신이 느끼게 될 따뜻한 마음이나 온전한 존경심을 가지고 주님께 나오도록 해 주십시오. 왜냐하면 예수님이 하나님이시며 성부께서 하나님이신 것과 완전히 동일하게, 성령도 하나님이시기 때문입니다.

예수 그리스도는 지금 영광 가운데 하나님 아버지의 우편 보좌에 앉아 계십니다.

그분은 지금도 여전히 갈보리의 몸(the body of Calvary)을 가지고 계시며 십자가의 상처 흔적이 그대로 남아 있습니다.

그분은 우리의 구주이시며, 위대한 대제사장의 직임에 계십니다.

성령님은 우리와 함께 지금 여기에 계십니다. 우리는 성령의 임재를 느낄 수 있으며 성령의 임재를 연습하고(practice), 성령의 임재를 사용할(utilize) 수 있습니다. 또한 성령의 임재 가운데 하나님을 찬양할 수 있으며, 성령의 임재 가운데 예수님의 보혈 아래서 살 수도 있습니다.

이것을 말씀드리고 싶습니다. 이 치유의 권능은

그리스도를 통하여 얻어지는 것이며, 다른 어떤 방법으로도 얻어질 수 없습니다. 성령에 의해 행해지는 것은 모두 예수님의 이름으로 행하여지며 예수님께서 당신을 만지신 후, 성령님은 당신의 치유에 대한 모든 영광을 예수님께 돌려드리도록 틀림없이 당신을 인도해 주실 것입니다.

예수님이 당신과 함께 계실 때, 예수님이 당신을 축복해 주실 때, 예수님이 당신을 지켜 보호해 주실 때, 그리고 예수님께서 당신을 치유해 주실 때, 성령께서는 예수님이 지시하시는 것을 실행하고 계십니다. 기억해 주십시오. 예수님은 하늘에 계신 아버지께로 돌아가셨을 때 성령님을 보내주셨습니다.

병든 몸을 치유하는 역사는 아직 구원 받지 못한 사람에게 죄의식을 불러 일으키고, 회심을 가져오는 성령의 사역보다 더 위대하지 않습니다. 그렇지만 누군가가 혼동하지 않도록 하기 위해, 병든 몸을 치유하는 바로 그 능력이 죄를 자각하게도 하고, 구원하기도 한다는 사실을 여기서 지적하지 않으면 안되겠습니다.

성령님은 오직 한 분 성령님이 계실 뿐입니다.

언제 어디에서이든 병든 자를 치유하기 위해 성령께서 임재하고 계신다면, 성령님은 그때 그 장소에 리바이벌의 권능으로 임재해 계시는 것입니다. 사실 많은 위대한 부흥은 치유의 기적이 행해진 결과로서 일어난 것들입니다. 이것은 주님의 사역에서도 그랬습니다. 주님은 사람들이 믿고 구원받기 위해서도 치유를 행한다고 말씀하셨을 정도입니다.

오늘날 교회의 지도자들은 성령의 사역에 대한 제한을 멈추어야 할 필요가 있습니다. 그리고 삼위일체의 세 번째 위격이신 분의 역사가 완전히 확장되고 풍성하게 드러나도록, 하나님을 믿고 기도하기 시작해야 할 필요가 있습니다.

예수님은 이 시대의 마지막까지 성령께서 예수님 자신과 같은 분으로서 우리 가운데 계실 것을 말씀하셨습니다.

그것은 예수님께서 재림하실 때까지입니다.

"주님의 손길"(touch of the Lord)은 우리 가운데서, 우리를 통하여서, 그리고 우리를 위한 성령의 움직이심입니다.

당신이 단순하게 하나님을 믿을 때, 그분은 당신 생활의 모든 필요를 공급해 주실 것입니다.

제 19 장
주님의 손길을 경험하는 방법

루디아의 치유에 관한 마가복음의 기록에서 그녀는 "한 여자(certain woman)"라고 소개되어 있습니다. 그것과 마찬가지로 오늘날 주님의 안목으로 보면 당신도 역시 한 여자 또는 한 남자입니다. 그것은 마치 당신만이 예수님의 손길이 필요한 전 세계에서 유일한 사람인 것 같은 표현입니다.

당신은 큰 군중들 가운데 한 사람일지도 모르지만 만일 당신이 믿음으로 그분을 접촉한다면 하나님은 당신 한 명을 선택해 내실 것입니다.

마태복음에는 루디아에 대해 이렇게 기록하고 있습니다.

"이는 제 마음에 그 겉옷만 만져도 구원을 받겠다

함이라"(마태복음 9:21)

그녀의 마음 속에 있는 것이었습니다. 그녀는 예수님은 자기를 치유해 주실 것이라고 자기 마음속으로 알고 있었습니다. 그리고 그녀는 자신이 마음속으로 알고 있던 그대로 치유되었습니다. 이것이 주님께 접촉하는 방법입니다. 당신의 마음속에서 "주님은 나의 필요를 채워 주실 것"이라고 절대적으로 확신해 주십시오.

루디아는 주님의 긴급한 도움을 필요로 하고 있었습니다. 그 필요가 너무나도 컸기 때문에 다른 모든 작은 것은 그다지 중요하지 않다고 생각될 정도로 밀려났습니다. 그녀는 몸의 치유를 불타는 듯한 생각(consuming thought)으로 원하고 있었습니다. 치유받고자 하는 마음으로 필사적이었습니다.

그녀는 "만일 주님께서 나를 치유해 주신다면 좋을텐데, 주님이 나를 치유해 주시지 않더라도, 그다지 놀라지 않고 실망하지도 않을거야"라는 생각으로 주님께 다가갔던 것은 아니었습니다. 그녀의 필요는 훨씬 컸습니다. 의학적으로는 어떤 도움도 없다는 사실을 그녀는 이미 알고 있었습니다. 그녀는 마음과 뜻을 다해서, 병든 몸으로 예수님께로 갔던 것이었습니다. 그것이 주님을 접촉하는 방법입니다. 마음(heart)을 다하고, 또 그때 필요한 것을 주님께서 행하실 것에 마음(mind)을 집중해서 말입니다.

루디아에게는 달리 전혀 소망이 없었습니다. 그녀의 딜레마에 대해 해답을 가지고 계셨던 분은 오직 예수님 한 분뿐이셨습니다. 우리가 자신의 필요와 자신의 믿음을 집중시켜서 주님께 손을 내밀면 틀림없이 주님의 치유 손길을 알게 될 것입니다.

때때로 주님께 손을 내미는 것이 쉽지 않습니다. 왜냐하면 루디아가 알고 있었던 그런 장애물들이 있었기 때문입니다. 그녀는 몸이 연약했다는 사실도 고려되어야 할 것입니다. 그녀는 힘도 활력(life's blood)도 모두 소진된 상태였습니다. 게다가 수 백명의 사람들이 예수님 주위를 걸어가고 있고, 모든 사람들이 더 잘 보이기 위해 더 확실히 소리가 들려지도록 자신의 호기심이나 마음의 갈급함을 만족시키기 위해 구하고 있었습니다.

사람이 예수님께 다가가서, 손을 내밀어 예수님께 닿을 수 있을만큼 접근해 가려고 할 때, 사람들이 방해하는 경우가 자주 있습니다. 대부분의 사람들에게 악의는 없지만 우리 편에서 그들은 어떻게 생각할까, 또는 그들이 뭐라고 말할까 하고 두려워해 버리는 것입니다. 그렇게 하는 대신에, 우리는 주님을 신뢰하도록 격려받을 필요가 있습니다. 그리고 이 확신은 많은 경우 우리가 무릎을 꿇고 기도할 때에 주어지는 것입니다.

밀고 나아가십시오. 사랑하는 여러분, 밀고 나아가십시오. 누가 방해하려고 해도 밀고 나아가십시오. 당신이 결심한 것을 사람들에게 설명하거나 들려주어야 할 필요는 없습니다.

다만 단순히 그리고 집요하게 예수님에게까지 밀고 나아가십시오. 루디아는 주님께 손을 뻗치려고 필사적으로 노력했습니다. 그러자 주님은 그녀의 믿음을 칭찬하시고 그녀의 필요를 충족시켜 주시기 위해 거기에 계셨습니다. 그녀는 단지 주님의 옷자락을 만졌을 뿐입니다. 그녀는 주님을 만지지 않았습니다. 그녀는 주님을 끌어 당긴 것도 아니었습니다. 그녀는 주님의 겉옷자락을 만졌습니다.

그러나 그것으로 충분했습니다. 그렇게함으로 인해서, 성령의 강력한 권능이 그녀의 몸으로 흐르기 시작하고 그녀는 다시 건강하고 튼튼하게 되었습니다. 확실히 루디아는 예수님을 만질 수 있을 만한 상황이 아니었습니다.

그리고 우리도 역시 그렇습니다. 그렇지만 그녀는 주님이 치유해 주셨을 때, 주님은 모든 죄를 용서해 주시는 분이심을 알고 주님이 모든 종류의 아픔과 질병을 치유해 주시는 분이심을 알게 되었습니다. 주님은 자기에게 나아오는 사람은 어느 누구도 결코 내쫓은 적이 없다는 것을 그녀는 알았습니다. 그리고 그녀는 그분을 거룩하신 분, 살아계신 하나님의 아들로서 경배해야 한다는 것을 알게 되었습니다.

제 20 장
믿음의 기도

참된 믿음의 기도는 그야말로 표현 그대로의 것에 지나지 않을지도 모릅니다. 예수님께 대한 야이로의 말이 이런 종류의 기도였다고 생각합니다.

"내 어린 딸이 죽게 되었사오니 오셔서 그 위에 손을 얹으사 그로 구원을 받아 살게 하소서"(마가복음 5:23)

물론 예수님은 가셨지만, 가령 예수님이 그 병상에 도착하기 전에 그 아이가 죽어있었다고 해도 그 아이는 하나님의 능력으로 살아났을 것입니다. 필요가 무엇이든 예수님이 치유하실 준비가 되어있고, 기꺼이 치유해 주시며, 치유하실 수 있음을 야이로는 알고 있었습니다. 믿음의 기도는 실제 우리가 주님께 해 주세요 하고 구하는 것을 받는 마음의 행위입니다.

"믿음은 바라는 것들의 실상이요 보이지 않는 것들의 증거니"(히브리서 11:1)
"받은 줄로 믿으라"(마가복음 11:24)

그것은 단지 주님께 청원(petition)하는 행동이 아니며, 또한 구걸하는 상태도 분명히 아닙니다.

물리적 증거는 하나님께서 기뻐하시는 대로 당신의 유익을 위해, 그리고 하나님의 영광을 위해 알려지게 될 것이라는 의심할 여지가 없는 것이라는 인식과 함께 주님으로부터 받게 되는 마음의 행위가 바로 믿음의 기도입니다. 이 점에 대해서 여러분은 이렇게 말할지도 모르겠습니다.

"나는 그러한 믿음을 위하여서라면, 무엇이라도 할 것입니다"

그렇지만 당신의 믿음이 얼마나 큰지 또는 얼마나 작은지를 보고 측량하는 일을 멈추어 주십시오.

당신이 그것을 끝낼 때까지 당신에게는 믿음이 전혀 없는 것처럼 보일지도 모릅니다. "자신의 믿음을 꺼내서" 그것을 보려고 시도하지 마십시오. 당신의 믿음은 어느 시점에서의 결과이며, 예수님에 대한 당신의 마음의 관계입니다.

당신은 큰 믿음을 사용했던 순간을 경험했던 적이 있을 것입니다. 또 당신의 믿음이 적다고 느꼈던 순간도 경험했을 것입니다. 당신의 간구하는 기도 대신에, 헌신의 기도, 찬양, 예배를 드리기 시작하십시오.

"아무것도 염려하지 말고 다만 모든 일에 기도와 간구로, 너희 구할 것을 감사함으로 하나님께 아뢰라" (빌립보서 4:6)

믿음의 기도는 어느 시점에서 당신의 신념(belief)의 수준을 알려고 하여 자(measuring rod)를 사용하여 측정한 결과가 아닙니다. 어느 시점에서 당신이 기도하여 분명한 응답을 얻었다고 해서 그것이 지금 당신이 믿음을 가지고 있다고 하는 명백한 증거가 되는 것도 아니며, 또한 당신이 기도하여도 응답 받은 적이 한번도 없다고 해서 그것이 오늘 당신이 믿음의 기도를 드리는 것은 불가능하다고 믿는 이유가 되는 것도 아닙니다.

당신의 믿음은 예수님에 대한 당신 마음의 관계의 결과입니다(the result of your heart relation to Jesus). 당신이 큰 믿음을 구사할 때가 분명히 있으며, 당신이 믿음이 거의 없다고 느낄 때도 또한 있습니다. 그러므로 규정된 공식으로서 찬양이나 예배, 헌신, 과거에 받았던 은혜나 축복에 대한 감사등으로 시작하게 됩니다.

이것이 영적인 부흥이 전진하고 있을 때는 믿음이 커지게 되는 이유며, 하나님의 자녀들이 예수님의 아름다우심, 말씀의 확실성, 하나님 아버지의 선하심. 그리고 성령님의 달콤한 임재로 인해 경외감을 갖게 되고, 어떤 것이라도 쉽게 믿을 수 있게 됩니다.그래서 믿음의 기도는 모든 믿는자들이 경험해야 하며 마음을 기쁘게 해야 합니다.

기도를 들어 응답해 주시는 분께 찬양드려야 합니다.

제 21 장
믿음의 토대

　설교자들 중에서도 설교의 왕자라고 불리는 찰스 스펄젼은 믿음의 기도를 하는 것에 관해 "약속을 주장하라"고 말한 것으로 자주 인용됩니다. 그의 조언은 매우 건전하고 좋은 것으로 그것은 확실히 맞는 말입니다.

　성경은 하나님의 말씀이며, 믿음의 토대입니다. 하나님이 말씀하신 것은 하나님의 마음에서 나온 것입니다. 하나님의 말씀은 말씀 그대로 받아들여져야 합니다. 성경에는 어떤 필요에도 충족되는 약속이 있다고 하는 것은 사실입니다. 몸의 치유를 위해서 토대가 되어야할 복된 약속이 많이 있습니다.

　예수님께서 이땅에서 사역하실 때, 행하셨던 여러가지 기적에 대한 기록들과 관련하여 마태는 그리스도께서 그러한 역사를 행하셨던 이유를 기록하고 있습니다.

"이는 선지자 이사야로 하신 말씀에 우리 연약한 것을 친히 담당하시고 병을 짊어지셨도다 함을 이루려 하심이더라"

그리스도는 당신의 연약한 것과 병을 짊어지셨으므로, 그분의 거룩하신 이름을 기뻐하고 찬양드립시다. 그러던 어느날 오후 베드로의 집 가까이에서 주님으로부터 치유를 받은 사람들과, 또 예수님의 치유 손길을 알게 된 다른 마찬가지로 확실한 것입니다.

베드로전서 2장 24절에 있는 분명하고도 대담한 말씀을 깊이 숙고해 보십시오.

"친히 나무에 달려 그 몸으로 우리 죄를 담당하셨으니 이는 우리로 죄에 대하여 죽고 의에 대하여 살게 하려 하심이라 그가 채찍에 맞음으로 너희는 나음을 얻었나니"

그분께서 채찍에 맞으심으로 당신은 나음을 입

었습니다. 당신을 위한 믿음의 토대로서 그것이 충분하지 않습니까? 야고보서에는 실용적으로 사용할 수 있는 말씀이 많이 있습니다. 그러한 말씀은 특히 보편적으로 당시 교회를 향해 기록되었지만, 또한 분명히 전체 교회시대를 위한 것이기도 합니다.

그 한 가지 예는 야고보서 5장 7~16절에서 보여집니다.

"그러므로 형제들아, 주께서 강림하시기까지 길이 참으라 보라 농부가 땅에서 나는 귀한 열매를 바라고 길이 참아 이른 비와 늦은 비를 기다리나니"

"너희도 길이 참고 마음을 굳건하게 하라 주의 강림이 가까우니라"

"형제들아 서로 원망하지 말라 그리하여야 심판을 면하리라 보라 심판주가 문밖에 서 계시니라"

"형제들아 주의 이름으로 말한 선지자들을 고난과 오래 참음의 본으로 삼으라"

"보라 인내하는 자를 우리가 복되다 하나니 너희가 욥의 인내를 들었고 주께서 주신 결말을 보았거니와 주는 가장 자비하시고 긍휼히 여기시는 이시니라"

"내 형제들아 무엇보다도 맹세하지 말지니 하늘로나 땅으로나 아무 다른 것으로도 맹세하지 말고 오직 너희가 그렇다고 생각하는 것은 그렇다 하고 아니라고 생각하는 것은 아니라 하여 정죄 받음을 면하라"

"너희 중에 고난 당하는 자가 있느냐 그는 기도할 것이요 즐거워하는 자가 있느냐 그는 찬송할지니라"

"너희 중에 병든 자가 있느냐 그는 교회의 장로들을 청할 것이요 그들은 주의 이름으로 기름을 바르며 그를 위하여 기도할지니라"

"믿음의 기도는 병든 자를 구원하리니 주께서 그를 일으키시리라 혹시 죄를 범하였을지라도 사하심을 받으리라"

"그러므로 너희 죄를 서로 고백하며 병이 낫기를 위하여 서로 기도하라 의인의 간구는 역사하는 힘이 큼이니라"

성경의 이런 짧은 인용절 안에, 성령에 의해 영감된 말씀이 포함되어 있습니다. 그것은 하나의 리바이벌 운동이 이러한 말씀만으로 토대를 놓아도 좋을 만큼 충분한 것입니다.

이러한 말씀의 교훈을 하나님의 백성들이 실행한다면 구원받지 못하고 어버린 자들이 상한 심령으로 와서 이러한 구원을 얻는 방법을 가르쳐 달라고 울면서 구할 것입니다. 우리가 야고보서에서 읽은 것들을 잠시 숙고해 봅시다.

예수님의 오심이 "가까이 임박했다"는 약속으로 예수님이 교회를 위해 돌아오시기까지 인내하라는 권고가 있습니다.

신자들 사이에서 형제애를 나타내라고 하는 긴급한 탄원이 있습니다. 핍박 아래서 모범이 되라고 하는 도전이 있습니다. 맹세하지 말라는 권유, 그리고 교회시대의 신자들 사이에 있는 병든 사람들에 대한 처방전이 있습니다.

이 마지막 것(병든 자에 대해)에 대해서, 우리는 지식의 빛에 비추어서 뒤에서 주의깊게 살펴보도록 하겠습니다. 그것은 오늘날 이 땅에서 살아가고 있는 우리를 위해서 중요한 것입니다. 그것은 우리의 믿음의 토대입니다. "너희 중에 고난당하는 자가 있느냐 …… 즐거워하는 자가 있느냐 …… 너희 중에 병든 자가 있느냐 ……"

주님의 위대한 프로그램 안에는 어떠한 필요도 충족됩니다. 그것은 하늘로부터 축복에 대해 마음이 부풀어 터질듯하여 흘러넘치는 기쁨에서부터, 괴로움이 제거되고 질병이 치유되는 것에까지 미칩니다.

필요가 무엇일지라도, 예수님은 그 필요를 채워주십니다.

제 22 장
성경의 처방전

앞에서 야고보서에서 인용한 말씀의 내용을 정확하게 믿고 믿는 자들 중에 있는 아픈 사람이나 고난 당하는 사람들을 위해 주어져 있는 「처방전」을 살펴 보기로 하겠습니다.

⊙ **"저는 기도할 것이요"**(야고보서 5:13) : 이것은 필요를 가지고 있는 사람이 주님과 현재의 관계를 공고한 것으로 하는 생각을 보여줍니다. 그 사람의 마음 속에 주님이 그 사람을 치유해 주시는 것을 방해하는 뭔가가 있다면 성령께서는 기회를 잡아서 그 사람에게 죄를 깨닫고 회개하도록 인도하여, 그 사람이 자신의 혼(soul)과 구주와의 사이에 아무런 장애물도 없다고 하는 확신을 가지고, 다음 단계로

나아갈 수 있도록 해 주십니다.

　기도하는 가운데, 그 신자는 더욱 자신을 의탁하고 성령에 의해서 자기의 경험을 심오하게 할 기회가 더욱 주어지게 됩니다. 그의 마음은 성령의 기름 부으심 아래로 와서 하나님을 찬양하고 경배드리며 자신이 치유받기 위해 주님께 깊이 의지하게 됩니다.

　그 신자는 주님과의 언약을 새롭게 할 것입니다. 그는 새로운 계약을 하고, 치유받게 되면 더욱 열심히 주님을 섬기겠다고 서원하기도 합니다. 그는 주님과 주님의 사역에 대하여 자기의 의무를 수행하는 일에 더욱 충실해 질 것입니다.

　그 신자는 이렇게 기도하는 가운데, 야고보에 의해 기록된 치유의「처방전」의 또 다른 면을 위한 자신의 마음의 준비가 되어 있음을 발견하게 될 것입니다.

　⊙ "저는 교회의 장로들을 청할 것이요"(야고보서 5:14) : 그 신자가 알고 있는 복음 사역자. 혹은 사역가운데 특별한 축복이 있다고 알고 있는 복음 사

역자를 부릅니다. 그것은 그 사람(아픈자)이 예배 장소에 갈 수 없는 경우입니다. 사역자들은 함께 모이고, 그 사람과 함께 그를 치유해 주시도록 예수님의 이름으로 하나님을 의지하고 기도드립니다. 이렇게 기도할 때 장로들은 주님의 이름으로 그 신자에게 기름을 바릅니다.

제 23 장
기름을 바르는 것(Anointing with oil)

하나님의 말씀 가운데, 기름(올리브 유)을 사용하는 것에 대한 놀라운 의미가 발견됩니다. 성막의 거룩한 기구들은 출애굽기 30장 25절에 기록되어 있듯이 하나님을 섬기기 위한 성별을 의미하기 위해서 기름이 발라졌습니다. 창세기 28장에 기록되어 있듯이 야곱이 꿈에서 하나님으로부터 계시를 받은 후 돌 위에 기름이 부었듯이 특별한 축복의 장소임을 나타내기 위해 기름 부음이 행해졌습니다. 그렇게 기름이 부어진 물건은 시편 105편 15절에 기록되어 있는 것처럼, 하나님의 보호하심의 대상이 되었습니다.

⊙ "나의 기름부은 자를 만지지 말며"(시편 105:1)

기름은 놀라운 영적 축복의 상징으로서 사용되었습니다.

⊙ "주께서… 기름으로 내 머리에 바르셨으니" (시편 23:5)

그러므로 기름이 야고보에 의해서 처방전에서 성령의 모형으로 사용된 것은 이상한 일이 아닙니다. 성령은 처음 창조때에 증거되었습니다. 주님의 성령은 과거의 선지자들 위에 머물러 계셨습니다. 예수님은 성령으로 잉태되셨습니다. 성령은 그리스도의 지상 사역에서 그리스도께서 행하신 기적들의 권능이 되신 분이셨습니다. 성령을 모독하는 것은 용서받지 못하는 죄입니다. 그리고 예수님이 다시 오실 때 휴거에서 믿는 자들을 끌어올리시는 분은 성령입니다. 그러므로, 야고보에 의해 사용된 기름부음의 의미를 조금 이해하시겠습니까? 그것은 성령을 초청하는 것이며, 성령께서 역사하심을 인정해 드리는 것입니다. 그것은 병든 자나 고통당하는 사람들의 경우는 믿음의 기도에 대한 응답으로서 행해진 기적으로 인해 하나님께만 그 영광이 드려

진다는 것을 증거하는 것입니다.

   이것은 예수 그리스도의 교회에서 행해지는 거룩한 의식의 하나라고 해도 과언은 아닙니다. 유감스럽고 슬프게도, 이것은 등한시되고 있고, 믿어지지 않고 있지만, 그럴지라도, 그 효과와 그것이 성경에 기초해 있는 사실이라는 것은 조금도 변함은 없습니다. 이것은 갈보리 사건을 통해 예비된 특권입니다. 왜냐하면 **"그가 채찍에 맞으므로 우리는 나음을 입었기"**(이사야 53:5)때문입니다.

   오늘날 이러한 말씀을 믿고 은혜롭게 치유받은 사람들이 매우 많이 있습니다.

제 24 장
치유의 간증

대략적으로 말해서 교회의 토대가 형성된 이래, 복음의 메시지의 전파를 위해 하나님이 계획하신 것은 증거의 사역(ministry of the testimony)이었습니다. 하나님은 입으로 하는 말, 인쇄된 페이지, 그리고 다른 어떤 가능한 수단도, 주님께서 행하신 것을 사람들에게 말하기 위해 사용되도록 정하셨습니다. 우리들 가운데 대부분은 다른 사람들의 기도와 증거로 인해 구원받았습니다.

혼을 얻는 일에서 진실인 것은 치유의 간증을 하는 것에 관해서도 또한 진실입니다. 이 축복을 다른 사람들과 나누도록 인도받는 사람들도 있습니다.

증거하는 것은 하나의 "기술(art)"이기도 합니

다. 가장 간단한 방법은 동정심이 있고 관심이 있는 믿는 자들의 모임 가운데 서서, 몸의 치유를 구하는 기도에 주님께서 어떻게 응답해 주셨는가를 이야기해 주는 것일 겁니다.

예수님은 자신의 피를 통하여 지금도 여전히 사람들을 구원해 주시고, 병든 사람들을 지금도 여전히 치유해 주시며, 믿음의 기도에 응답하여 기적을 행하신다고 폭넓게 말하여 나아가는 것이 중요한 한편, 우리는 두 가지의 것을 항상 기도해야 합니다. 즉 하나님께서 증거의 좋은 기회를 주시도록 기도하는 것이며, 또 성령께서 우리에게 열어주시는 모든 기회를 충분히 사용하기 위해 하나님께서 우리에게 특별한 기름부으심을 주시도록 기도하는것입니다. 이렇게 하여 증거하는 것은 믿는자와 성령 사이의 진정한 동역이 됩니다.

이것이야말로 혼을 얻고 믿음의 사역을 행하기 위한 무적의 연합(unbeatable combination)입니다. 우리가 행하는 증거의 빛을 "말(bushel)"아래 숨겨놓지 않도록 강조해 둡시다.

치유함을 받아도 자신이 간증하는 것에서 주님

과의 언약을 지키지 않았기 때문에 자신이 받은 치유를 유지할 수 없었다는 사실을 말하지 않으면 안 됩니다.

이것과 관련하여 독단적인 태도는 간증 또는 증거의 목적을 놓쳐 버리게 된다는 것도 언급해 주는 것이 좋을 것입니다.

병든 사람들에게, 그 사람이 의사에게 진찰 받거나 약을 복용하고 있다고 해서 무서운 죄를 범하고 있는 것이라고 느끼게 하는 것은 거의 광신이나 마찬가지입니다.

병든 사람들에게 필요한 것은 도움이지, 정죄하는 것이 아닙니다.

그들의 마음을 부드럽게 해 줄 필요가 있으며, 반항적이 되도록 할 필요는 없습니다. 병든 사람이 알아야 할 필요가 있는 것은 예수님의 이름에 의한 치유가 있다고 하는 것이며, 어떻게 하나님을 믿어야 하는지 알지 못한다는 이유로 그 사람이 죄인 같은 느낌을 가지게 해서는 안됩니다.

훌륭한 의사들은 많이 있습니다. 그들은 이 세상에서 인도적이고 위대한 사역을 지금까지 해왔으며, 또 지금도 하고 있습니다. 그들은 사람들의 고통을 덜기 위하여 많은 일을 하고 있습니다. "의사는 하나님의 손에 있는 도구가 아니고, 꼭 필요한 존재가 아니다"고 말한다면 그것은 거짓일 것입니다.

많은 사람들이 오늘날 살아있는 것은 선량한 의사와 간호사들이 친절하고 진지하며, 현명하게 보살펴 주었기 때문입니다. 그리스도인은 이 사실을 우선적으로 인정하고 감사해야 합니다. 고통 받는 인간을 도와주는 의사나 병원 의료시설이 없었다면 얼마나 큰 비극이었겠습니까.

그렇지만 별도의 방법도 있습니다. 그것은 예수님께 자기의 완전한 신뢰를 두는 것입니다. 그것은 기적의 방법입니다. 사람이 할 수 있는 방법을 다하고 나서 루디아가 그렇게 했듯이, 그 괴로움 당하는 사람이 필사적으로 예수님께 구하는 것입니다. 예수님은 믿음으로 자기에게 나아오는 자들을 모두 치유해 주십니다.

다만 이 사실을 기억하십시오. 주님께서 당신을 치유해 주셨다면 자신의 간증을 충실히 행하는 청

지기가 되십시오. 주님께서 만져주셨던 경험에 의해 당신이 특별히 알 수 있었던 것을 최대한 사용하십시오. 그것을 말하십시오. 어느 날 당신이 치유에서 최선의 부분 - 당신의 구원처럼 - 을 깨닫게 될 것입니다. … 즉 그것은 말씀으로 사람들의 마음에까지 손길을 내밀기 위해서 당신에게 주어진 그 은혜를 사용할 수 있는 특권이 있다는 사실입니다.

제 25 장
결론

 이것은 하나님의 치유에 대해 논쟁하려 하는 노력이 아님을 말씀드리고 싶습니다. 문제는 하나님에 대한 믿음이며, 우리가 하나님을 하나님의 말씀대로 받아들이는가 받아들이지 않는가 하는 것입니다.

 오늘부터는 성경읽기, 기도, 간증, 믿는 자들과의 교제에서 믿음이 당신의 매일의 상태가 되기까지 예수님 가까이에 머무르십시오. 지금은 도저히 일어날 것처럼 생각되지 않는 것이라도, 혹은 불가능하게 보이는 것일지라도, 마음으로 평범하게 기대하게 되는 것도 가능합니다.

 하나님이 기도에 응답하시고 위대하고 놀라운 일을 행하시는 것을 보아도 당신은 더 이상 놀라지 않게 될 것입니다. 오히려 하나님의 권능의 역사를 행하시는 것을 당신이 기대할 수 없는 때가 오면, 당신은 몹시 실망하게 될 것입니다.

　주님의 치유 손길을 알았다면 당신은 이제 이전과 같지 않습니다. 주님의 성령께서 당신의 몸의 상태에 뭔가 변화를 가져오고 있던 동안, 성령께서는 당신의 마음에도 뭔가를 행하여 주셨음을 알게 될 것입니다.
　당신은 이제 또 한 가지의 다른 은혜를 받은 것입니다.
　당신은 과거의 위대한 성도들과 또 다른 면에서 연결고리를 가지게 되었습니다. 그들은 어떤 일에도 하나님을 신뢰하는 것을 배운 사람들이었습니다.
　당신은 예수님이 살아계시며 확실히 『모든 권세』를 가지고 계시는 것에 대한 또 하나의 확증을 받았습니다.
　예수님을 따르고 그분의 은혜 가운데서 성장해 갈 때, 당신의 마음 속에 루디아가 들었던 것과 똑같은 어떤 말이 들려올 것입니다.

"딸아, 네 믿음이 너를 구원하였으니 평안히 가라. 네 병에서 놓여 건강할지어다"(마가복음 5:34)

하나님께서 뭔가를 우리에게 주시는 것은 하나님의 위대한 사랑과 긍휼 때문입니다. 우리는 우리 가운데 어느 누구도 스스로 자신을 의롭게 할 수 없다는 사실을 자주 잊어버립니다.

우리는 어느 누구도 어떤 조그마한 은혜라도 받을만한 자격이 있는 자는 없습니다. 오히려 우리는 하나님의 긍휼로 인해 은혜를 받는 것입니다. 치유는 하나님의 주권적인 행위입니다.

내가 아직 젊었을 때는 어떤 질문에도 대답할 수 있었을 것입니다. 나의 신학은 확실했으며, 사람들이 여러가지 규칙들을 따르고, 열심히 일하고 계명을 모두 지키고, 어떤 영적상태 가운데 자신을 둔다면 하나님은 그 사람을 치유해 주시리라고 확신하였습니다.

하지만 보십시오. 나의 신학이 허물어지고 산산조각나버렸던 때가 있습니다. 어느날 한 남성이 기적의 집회에 들어와서 벽에 등을 기대고 가만히 서

있있지만 5분 밖에 지나지 않았는데 대담하게 강단 쪽으로 걸어와서 숨김없이 이렇게 말했습니다 "나의 귀가 이제 막 들리게 되었습니다. 나는 믿겨지지 않습니다."

내가 반복해서 그에게 물어도 그는 자신이 치유받은 것을 결코 부정하지 않았습니다. 그는 군중들을 보고 호기심으로 들어왔지만, 경매(auction)하고 있는지, 아니면 무엇을 나누어 주고 있는지 알지 못했던 것입니다. 그는 한 사람의 구경꾼으로 그곳에 서 있었습니다. 여러가지 질문을 하자 그는 25년 이상이나 교회에 간 적이 없다는 사실도 알게 되었습니다.

그는 스스로 무신론자로 생각하고 있었습니다. 치유받은 사람 스스로도 놀라고 치유받게 되리라고는 기대도 하지 않았다고 솔직히 인정하며 "믿어지지 않습니다. 믿어지지 않아요."라고 말하며 울먹거리는 그러한 예는 많이 말씀드릴 수 있습니다. 긍휼의 치유라고 밖에는 달리 말할 수 없습니다. 그런 사람들은 주님의 자비를 통해 치유받은 것입니다.

우리는 하나님의 자비를 망각하고 있습니다. 우

리는 하나님의 위대한 긍휼을 망각하고 있습니다.

우리는 스스로 무엇인가를 하는 것에 의해 축복을 손에 넣는 것이 아니라는 것도, 또한 우리는 하나님으로부터 뭔가를 받을만한 가치가 있는 것이 아니라는 사실도 망각하고 있습니다.

만일 하나님의 자비와 긍휼 그리고 은혜와 사랑이 없었다면 우리는 어느 누구도 그리스도인이 될 수 없었을 것입니다. 몸의 치유에 대해서 동일하게 말할 수 있습니다. 하나님은 인간의 신학에는 거의 전혀 신경쓰지 않으신다고 나는 자주 생각합니다.

그리고 우리는 거의 알지 못하는 일에 대하여 독선적으로 될 경향이 농후합니다.

인생에는 답을 줄 수 있다고 한정할 수 없는 것도 몇 가지 있습니다. 왜냐하면 우리는 유리를 넘어 어슴프레 바라보고 있기 때문입니다. 하나님은 처음부터 마지막까지 알고 계시지만, 한편으로 우리가 할 수 있는 모든 것은 현재의 것들을 어렴풋하게 바라보는 것인데 더구나 왜곡되어진 시야로 그것을 바라볼 뿐입니다.

1865년 링컨 대통령이 암살되었습니다. 위대하고 인내성있으며, 강한 링컨이 암살되었을 때, 수많은 군중들이 흥분해서 워싱턴의 거리 거리로 모여들었습니다. 그들은 완전히 이성을 잃었으며, 목자 없는 양떼처럼, 여기저기 헤매이고 있었습니다.

그들은 그러한 비극적인 시간에 일어날 수 있는 의문과 격한 감정에 사로 잡혀 있었습니다. 그러나 그 비극적인 혼란의 한 가운데서 한 사람이 국회의사당 계단 위에 나타났습니다. 그리고 말했습니다.

"하나님이 다스립니다. 그리고 워싱턴에 있는 정부도 여전히 살아있습니다."

군중들은 조용히 흩어졌습니다. 그렇습니다. 정말 지당한 발언이었습니다. "하나님이 다스립니다.

주님의 치유 손길

인쇄일	2002년 12월 03일
발행일	2002년 12월 13일
2쇄	2014년 01월 30일
지은이	캐트린 쿨만
옮긴이	김병수
펴낸이	장사경
해외마케팅 국장	장미야
마케팅	이현빈
편집디자인	송지혜
펴낸곳	Grace Publisher(은혜출판사)

주소 서울특별시 종로구 종로 65길 12-10
전화 (02) 744-4029 팩스 744-6578
출판등록 제 1-618호.(1988. 1. 7)

ⓒ 2002 Grace Publisher, Printed in Korea
　ISBN 89-7917-495-0　04230
　ISBN 89-7917-435-7　04230 (세트)

이 출판물은 저작권법에 의해 보호를 받는 저작물이므로 무단 전재와 무단 복제를 할 수 없습니다.